牧野富太郎

植物博士の人生図鑑

平凡社

あるいは草木の精かも知れん

牧野富太郎

私はかつて「帝国大学新聞」にこんな事を書いた事があります。それはすなわち「私は植物の愛人としてこの世に生まれ来たように感じます。あるいは草木の精かも知れんと自分で自分を疑います。ハハハハ、私は飯よりも女よりも好きなものは植物ですが、しかしその好きになった動機というものは実のところそこに何にもありません。つまり生まれながらに好きであったのです。どうも不思議な事には、酒屋であった私の父も母も祖父も祖母もまた私の親族のうちにも誰一人特に草木の嗜好者はありませんでした。私は幼い時からただ何んとなしに草木が好きであったのです。私の町（土佐佐川町）の寺子屋、そして間もなく私の町の名教館《めいこうかん》という学校、それに次いで私の町の小学校へ通う時分よく町の上の山などへ行って植物に親しんだものです。すなわち植物に対してただ他愛もなく、趣味がありました。私は明治七年に入学した小学校が嫌になって半途で退学しました後は、学校という学校へは入学せずにいろいろの学問

牧野富太郎画、コウシンソウ。高知県立牧野植物園所蔵・写真提供

を独学自修しまして多くの年所を費やしましたが、その間一貫して学んだというよりは遊んだのは植物の学でした。

しかし私はこれで立身しようの、出世しようの、名を揚げようの、名誉を得ようの、というような野心は、今日でもその通り何等抱いていなかった。ただ自然に草木が好きでこれが天稟《てんびん》の性質であったもんですから、一心不乱にそれへそれへと進んでこの学ばかりはどんな事があっても把握して棄てなかったものです。しかし別に師匠というものが無かったから、私は日夕天然の教場で学んだのです。それゆえ断えず山野に出でて実地に植物を採集しかつ観察しましたが、これが今日私の知識の集積なんです」というのでした。

こんなようなわけで草木は私の命でありました。草木があって私が生き、私があって草木も世に知られたものが少なくないのです。草木とは何の宿縁があったものか知りませんが、私はこの草木の好きな事が私の一生を通じてとても幸福であると堅く信じています。そして草木は私に取っては唯一の宗教なんです。

私が自然に草木が好きなために、私はどれ程利益を享《う》けているか知れません。私は生来ようこそ草木が好きであってくれたとどんなに喜んでいるか分りません。それこそ私は幸いであったと何時も嬉しく思っています。

オニバスの幼株を首に掛ける牧野富太郎、1939（昭和14）年7月9日、77歳。高知県立牧野植物園所蔵・写真提供

目次 contents

表紙：牧野富太郎画「ムジナモ」（部分）。高知県立牧野植物園所蔵・写真提供
扉：牧野富太郎の印鑑より、巻き「の」（自身の考案と思われる）。個人蔵
目次：牧野富太郎が愛用した帽子と眼鏡。個人蔵

凡例
図版クレジット末尾に付した＊は、高知県立牧野植物園所蔵および写真提供。

ソケイノウゼン

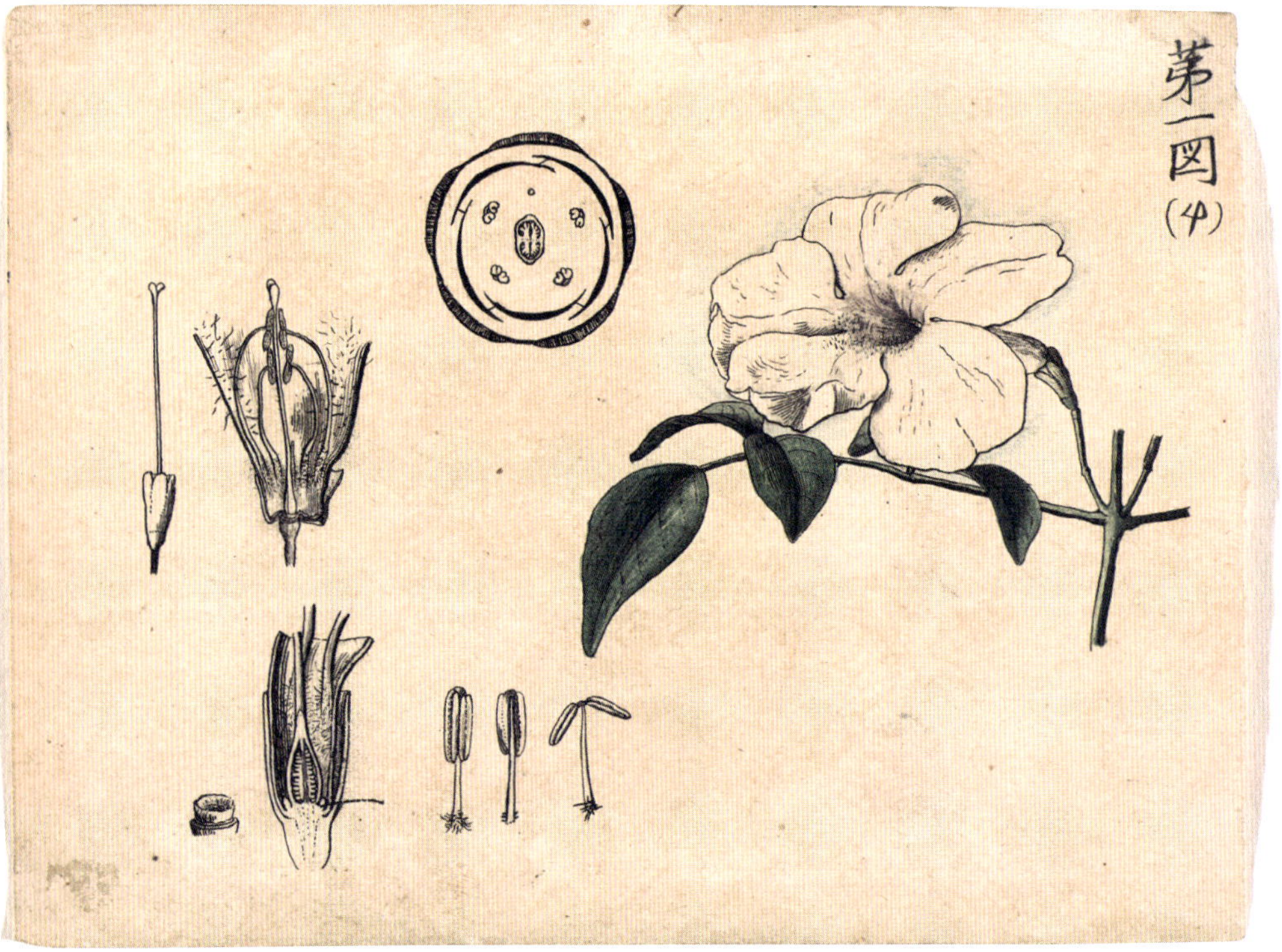

キョウチクトウ

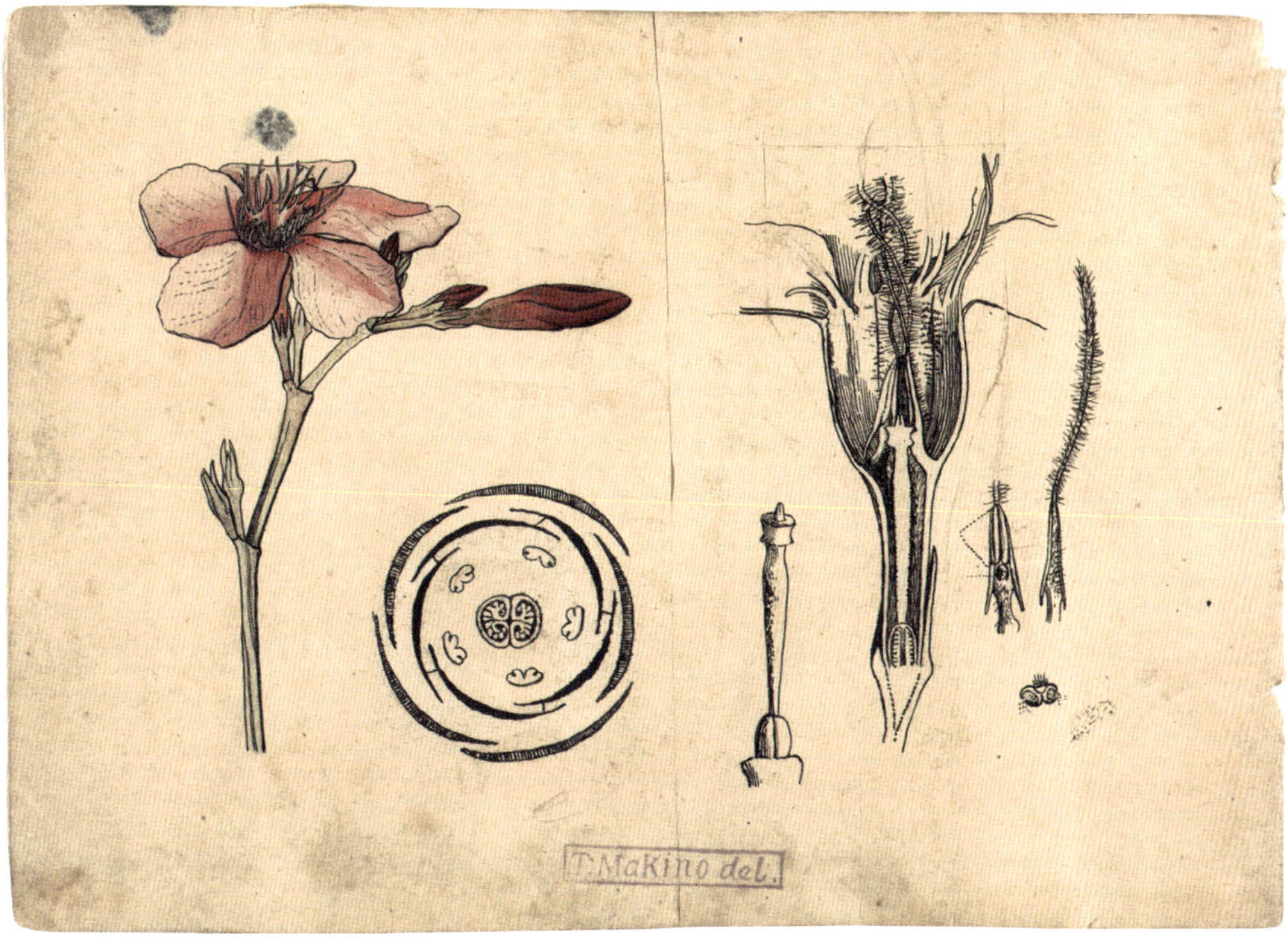

8〜18頁に掲載の牧野富太郎が描いた植物図は、編集部選択による。制作年や技法、出典など詳細は120頁。
所蔵および写真提供は高知県立牧野植物園。

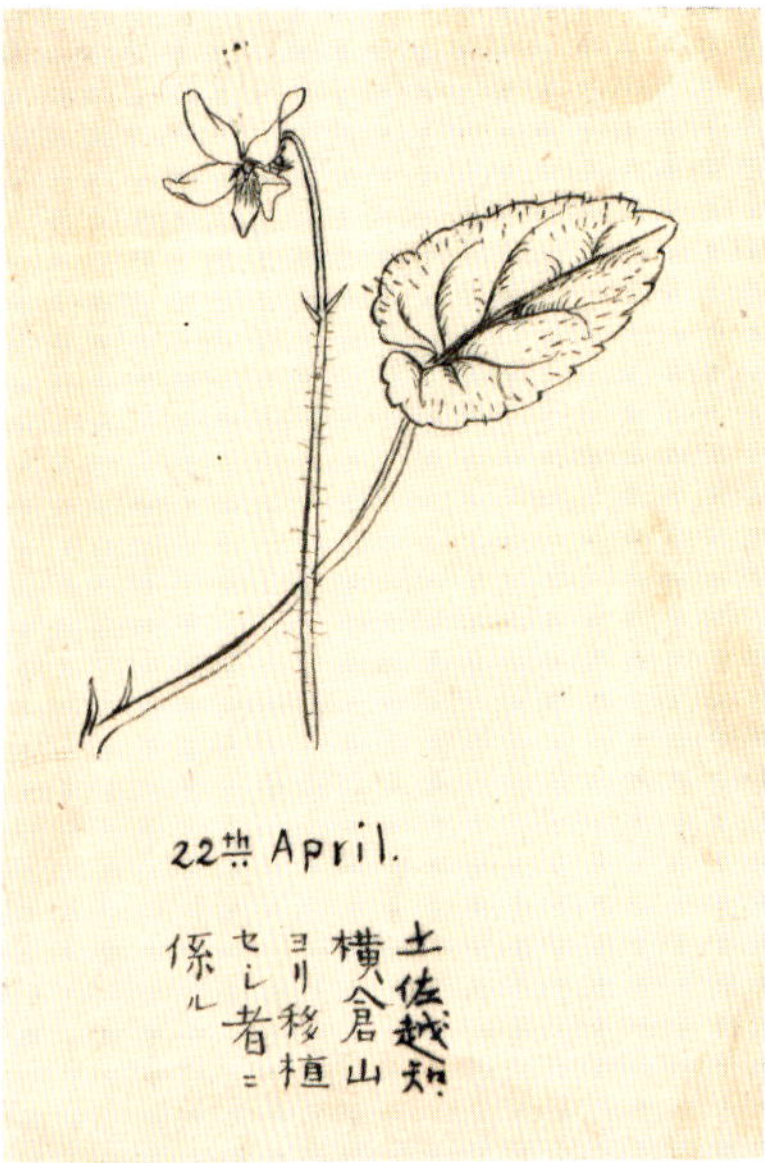

コミヤマスミレ

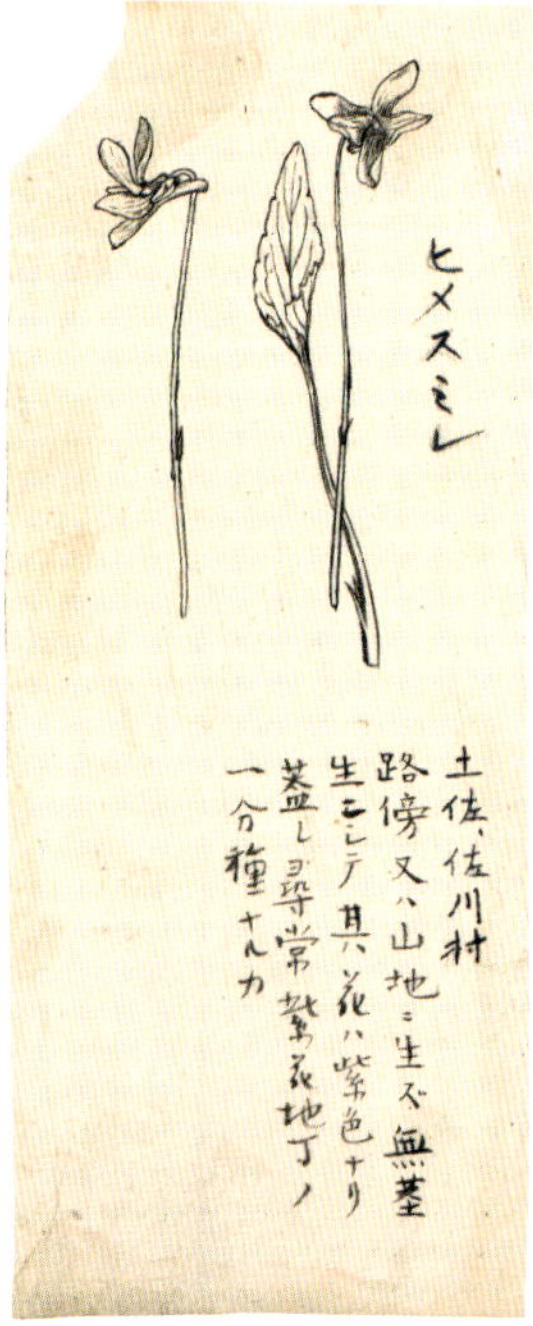

ヒメスミレ

シロバナタチツボスミレ

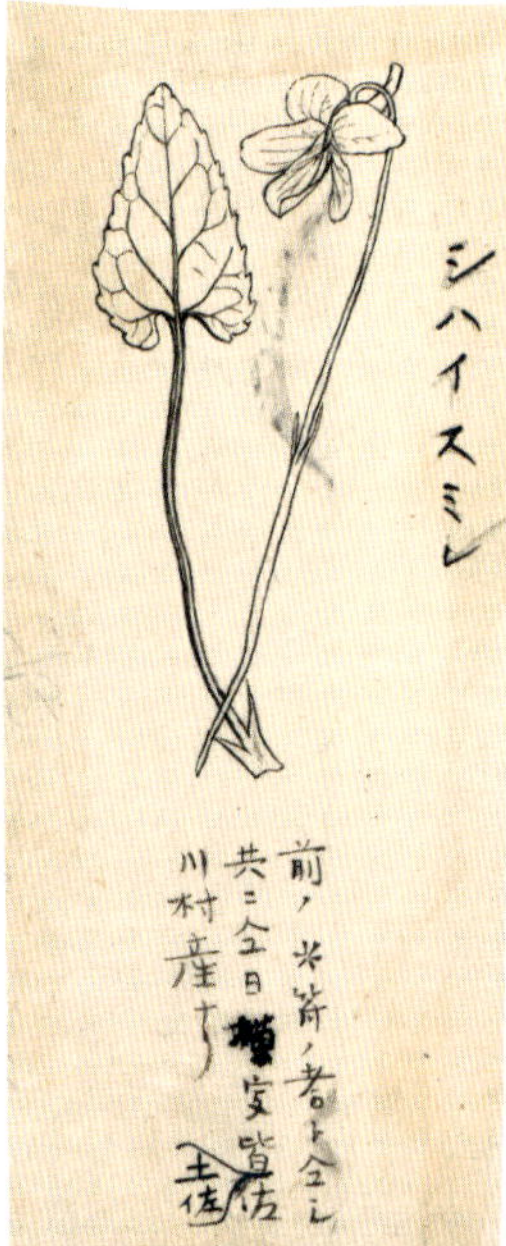

シハイスミレ

ヤブツバキ

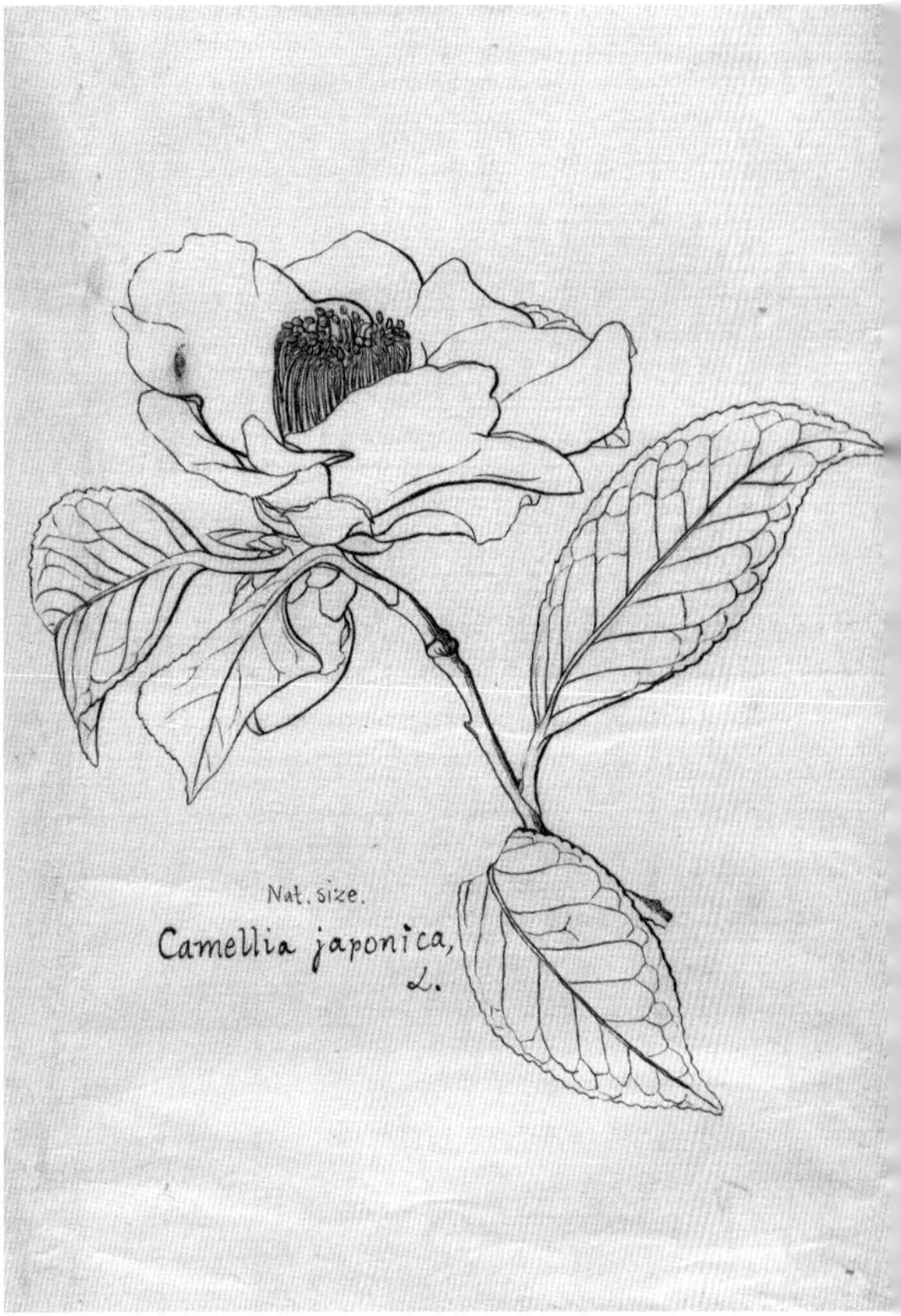

ツクシシャクナゲ

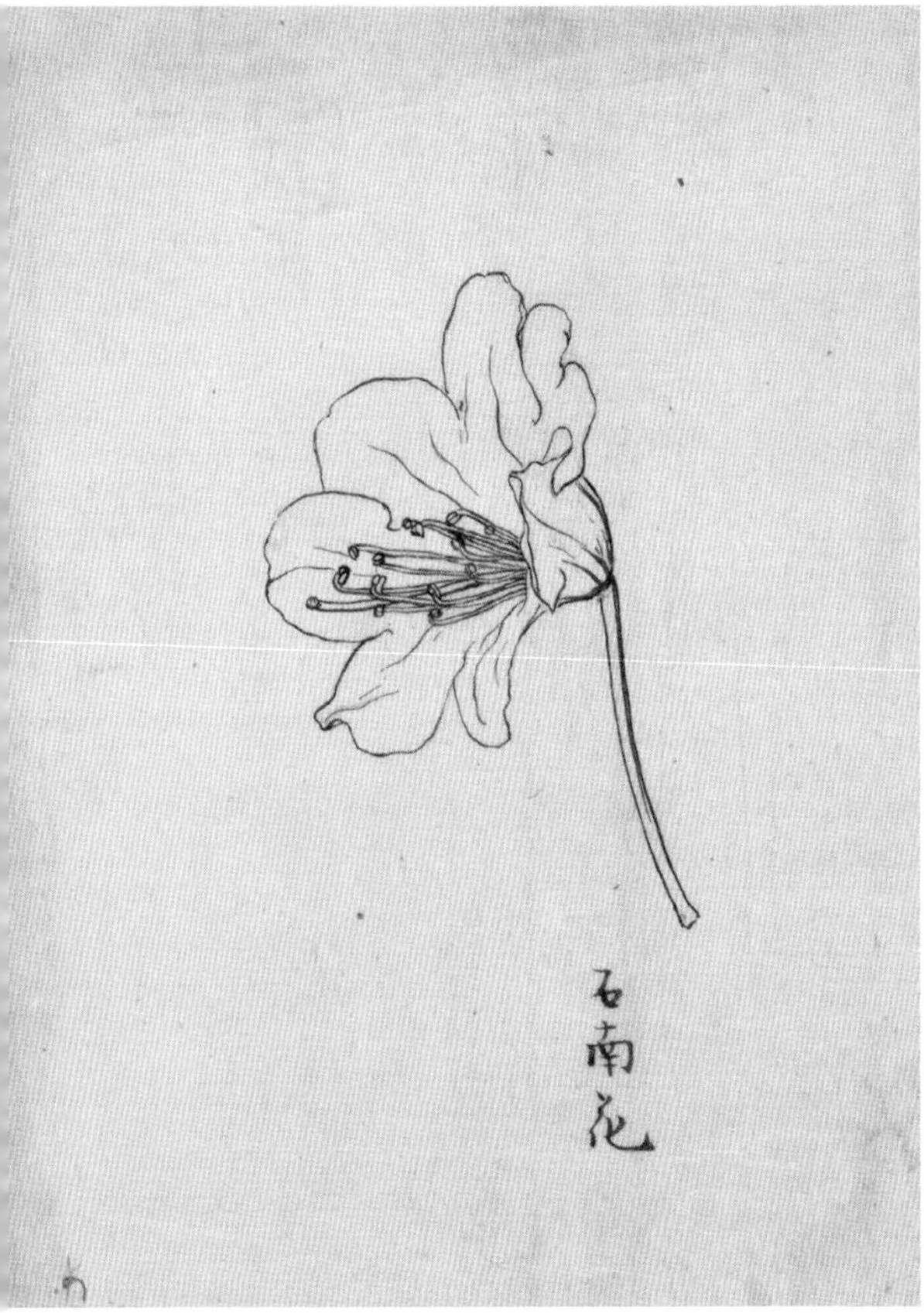

ジョウロウホトトギス(女臈杜鵑の意)(牧野富太郎命名)
土佐高岡郡越知町、横倉山の産

紀州那智にも同種あれども品種は土佐の者に劣れり

ジョウロウホトトギス

Tricyrtis macuranta Maxim.

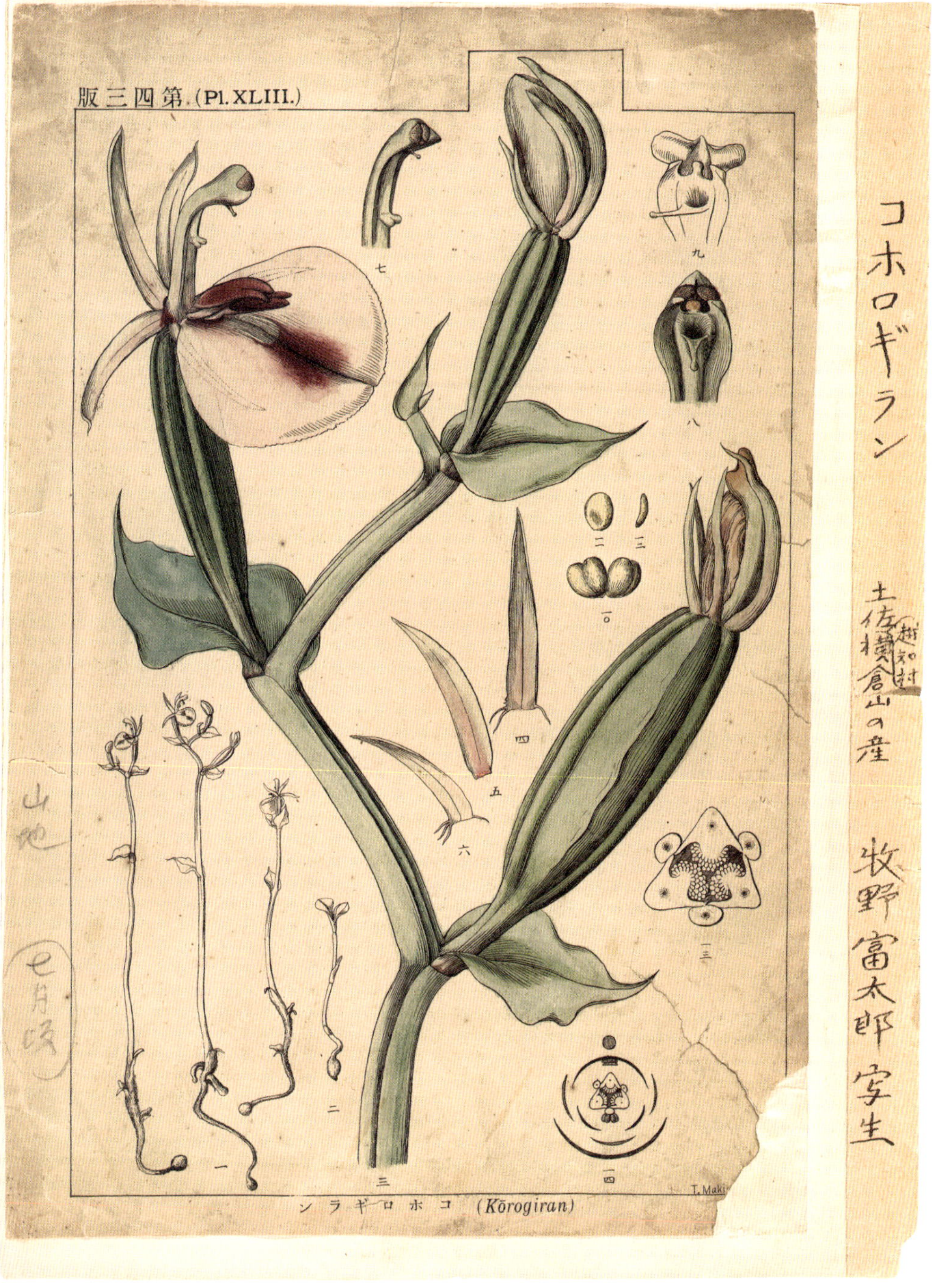

第四三版 (Pl. XLIII.)
コホロギラン (Kōrogiran)
コホロギラン
土佐横倉山の産
越知村
牧野富太郎写生
山地
七月頃

コオロギラン

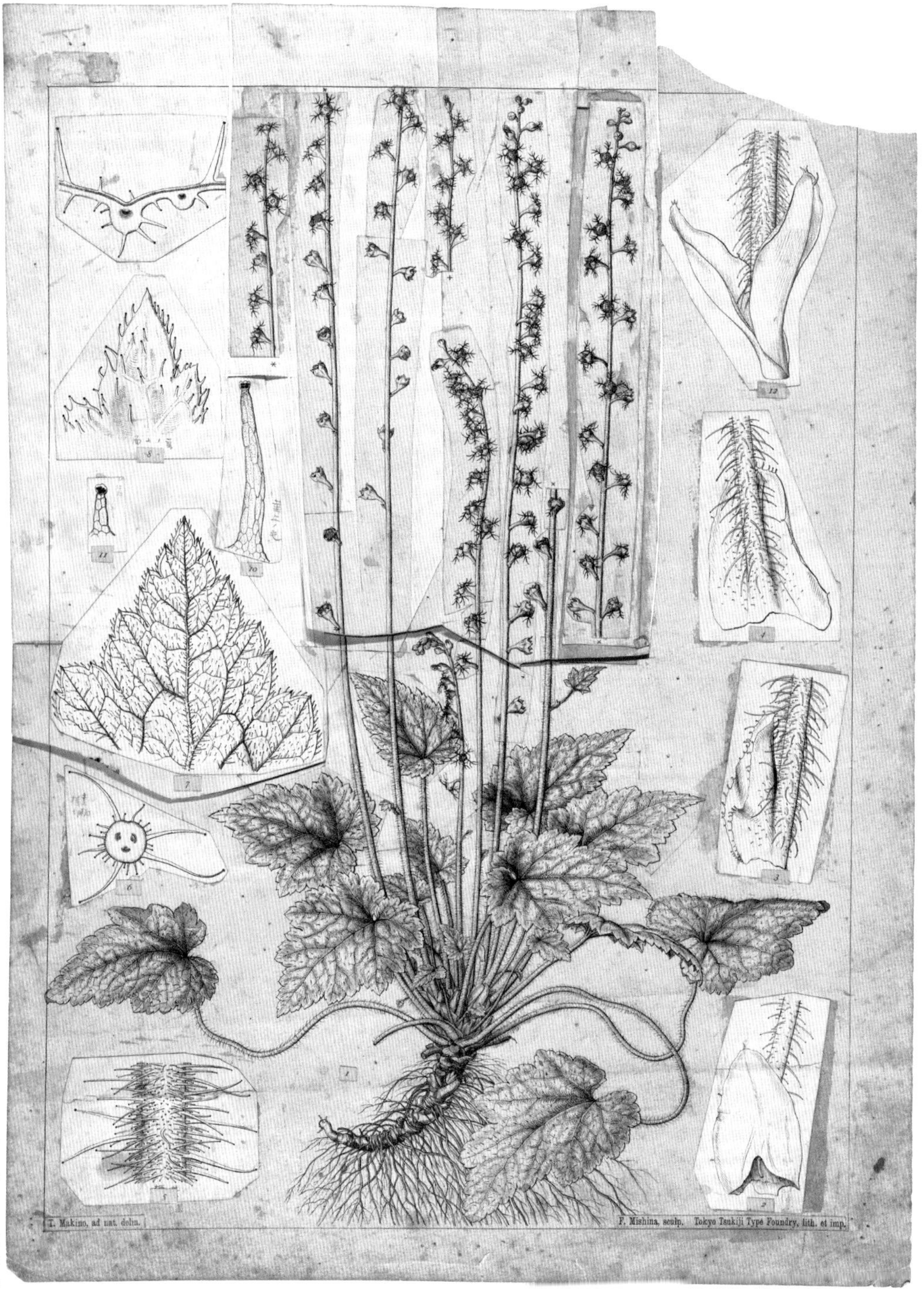

シコクチャルメルソウ（全形図）

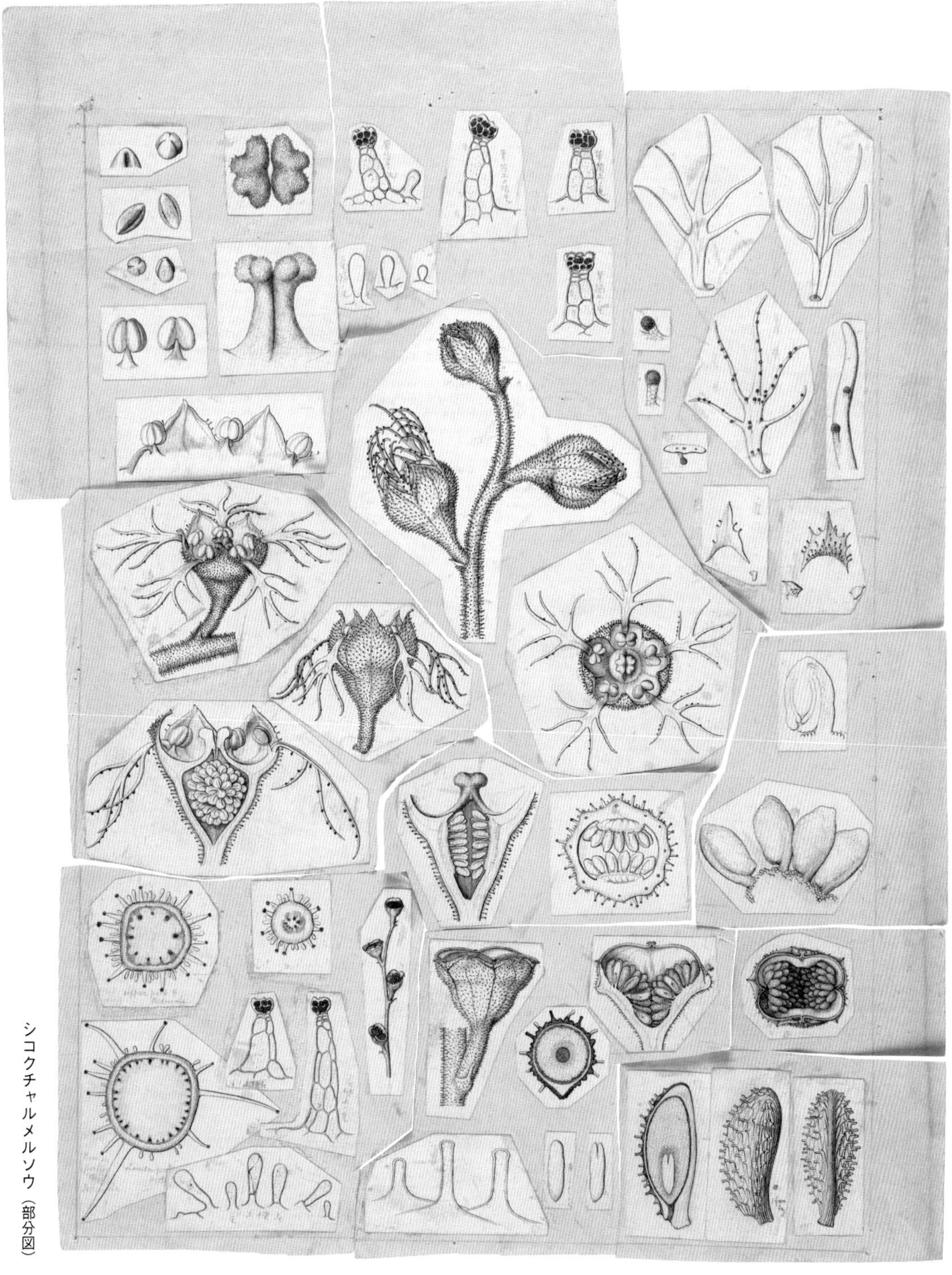

シコクチャルメルソウ（部分図）

牧野博士の描画道具

「自分でいうのも変だが、私は別に図を描く事を習ったわけではないが、生来絵心があっ」た牧野。愛用の描画道具を眺めつつ、その精密な図を生み出した眼と手を想う。

「いわゆる理を主としたる植物体記載上の写生画なりと雖《いえど》も、植物其の物に対して吾人の心が動かさるる以上、其の絵画にも必ず一種の気分が現るるは、当然の事である。」

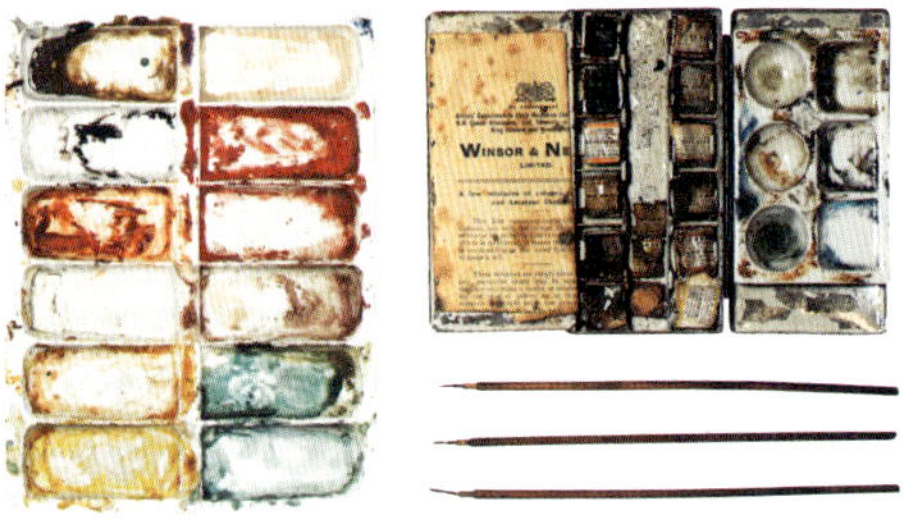

上：今も鮮やかに色が残るパレット、外国製絵具、精密な線を生んだ蒔絵筆。個人蔵
下：牧野愛用の外国製鉛筆と、植物図を描くための用紙（ケント紙）。高知県立牧野植物園所蔵・写真提供

ガマズミ（スイカズラ科）／制作年不詳／ケント紙、水彩／19.7×13.7cm　高知県立牧野植物園所蔵・写真提供（同18頁）

サクユリ全形図（ユリ科）／制作年不詳／石版印刷、墨（手筆）／40.3×29.1cm*

makino wonderland

1

牧野式植物図

とことんまで精密

牧野画ゴンロククルミ（部分）
19、33、63、81頁の植物図は高知県立牧野植物園所蔵・写真提供

牧野が考案した「活かし箱」（レプリカ）。採集した植物はいったんこの箱の中に入れ、萎れや曲りを直し、観察した。20〜32頁の資料・植物図は高知県立牧野植物園所蔵・写真提供。

科学的精神に支えられ

——牧野富太郎の植物画

大場秀章

牧野富太郎は江戸時代末期の一八六二（文久二）年に生まれました。その頃、富太郎が生まれた四国の山野に限らず、日本には名前も与えられていない植物がたくさんありました。富太郎の心のなかで植物への関心が急速に広がります。「三子の魂百まで」の喩えを地で行くように、一九五七（昭和三十二）年に九十四歳で亡くなるまで、その一生を植物の研究に捧げ、多くの植物を発見し、その名付け親になりました。

牧野は植物を描いた図解が多くの人の植物理解に役立つと考えました。そこで、文章によった論文だけでなく、図解を行い図譜にまとめ公表しました。そして後年、牧野は自らが理想とした、図

ウメバチソウ（ユキノシタ科）
1888（明治21）年／石版印刷／『日本植物志図篇』第1巻第1集
第5図版*

解と解説文を併せた植物の参考書、『牧野日本植物図鑑』（一九四〇年）［六四頁］を著します。

牧野富太郎の植物画の特徴

植物を描くことは昔から行われてきましたが、研究や正体が分からない植物を調べるのに役立つように植物を描くことは簡単ではありません。漠然と見たまま、ありのままに描いても役立つ図解にはならないのです。役立つ図解をつくるには、様々な工夫と、どの部分が調べるうえで役立つかをそれぞれの植物ごとに理解していることが重要です。

牧野が十九歳のとき（一八八一年）に描いたキヨウチクトウの花の図解があります［九頁］。キヨウチクトウの花は、花冠の下半分ほどが合着して筒状になり、上方は五つの裂片に分かれます。しかし、この図解ではどこまでが筒状か、また裂片がどんなかたちをしているかは正確には分かりません。つまり植物図解としては未熟さを残した作品といってよいでしょう。

その翌年、牧野が二十歳のときに描いたウメバチソウ［二一頁］では、葉のかたちは正確に描かれているものの、全形図からは花弁のかたちを知ることはできません。全形図に添えるかたちで花

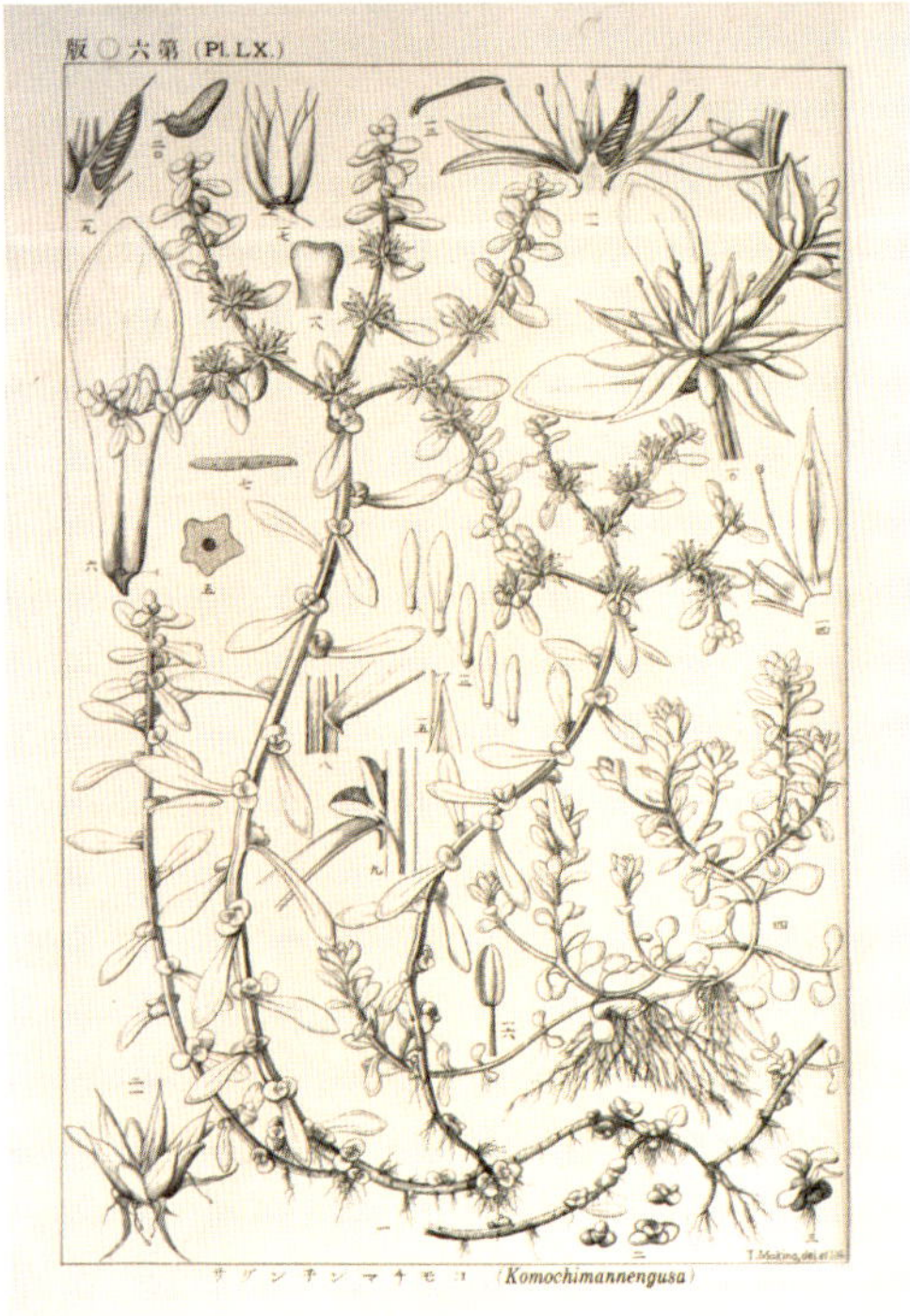

コモチマンネングサ（ベンケイソウ科）
1891（明治24）年／石版印刷／『日本植物志図篇』第1巻第10集
第60図版*

弁の全形が分かる図をはじめ、様々な部位を描写した付図を全形図の余白に加えています。横断面で花のつくりを示す花式図も描かれています。ウメバチソウの構図はロシアの植物学者マキシモヴィッチ（一八二七〜九一）の図解を参考にして描かれたものと思われます。このウメバチソウの図解は、様々な部位を描いた多数の付図を伴い、また花式図をも伴う、その後の牧野の植物画を特徴づける原型となったとみることができるでしょう。

牧野の時代はまだビニール袋や今日の保冷剤は存在しません。観察中の花などを長持ちさせるためにガラス張りで密閉性の高い「活かし箱」［二〇頁］を考案します。外部からは見えない花の内部などは解剖して詳しく観察しました。観察には低倍率光学顕微鏡も用いています。

さらに、描こうとする個体がそれが分類される種（園芸植物では栽培品種）の典型ないしは標準的な個体かどうか徹底的に吟味して奇形など描くことがないよう努めています。精密に描くために観察には細心の注意を払うだけでなく、疑問点などをメモし、少しでも不明な点を減らすよう努めています。また、描こうとする植物への理解を深めるために、芽生えや幼体、さらには季節変化にも注意を払っています。牧野の植物画には植物学

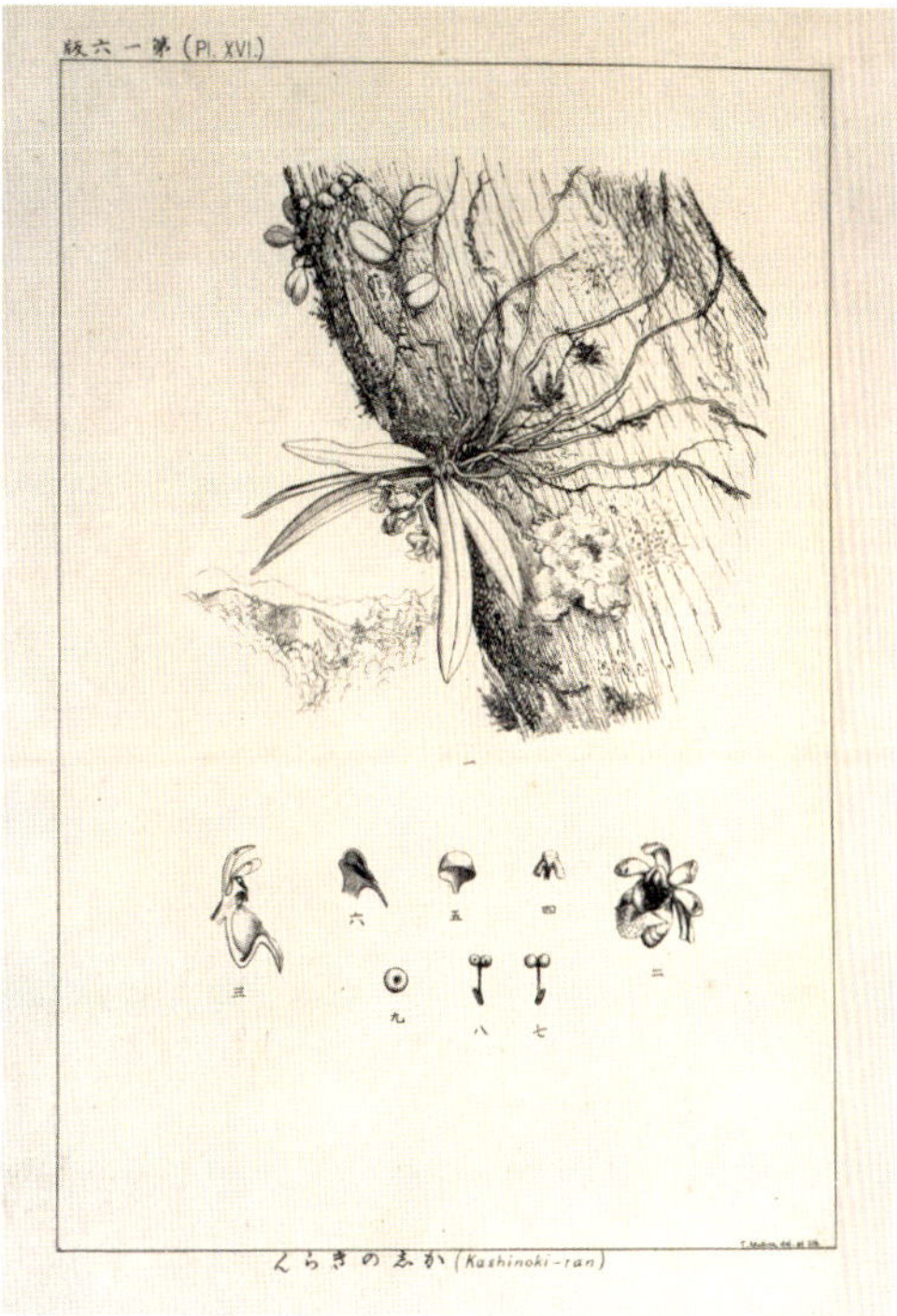

カシノキラン（ラン科）
右：1889（明治22）年／石版印刷／『日本植物志図篇』第1巻第3集第16図版*
左：1900（明治33）年／石版印刷／『新撰日本植物図説』第1巻第8集第40図版*

者としての牧野の資質が遺憾なく発揮されているのです。

牧野の三大図譜

牧野自身の手がけた植物図解は、執筆した学術論文に添えられたほか、大多数は牧野自身が企画・編集・出版した『日本植物志図篇』（一八八八〜九一〔明治二十一〜二十四〕、一九三四〔昭和九〕〔*〕年）〔四八頁〕、『新撰日本植物図説』（一八九九〜一九〇三〔明治三十二〜三十六〕年）〔同〕、加えて実際には牧野が編集した東京帝国大学理科大学植物学教室編纂『大日本植物志』（一九〇〇〜一一〔明治三十三〜四十四〕年）〔四九頁〕等の原図となりました。牧野は当時の主流だった石版印刷の技術を自ら習得しただけでなく、図版の校正も徹底的に行い、完璧に仕上げるのに努力を惜しみませんでした。出版されたこれらの植物画は、牧野が画才に恵まれていたことを示すだけでなく、曖昧さを許さないとする彼の科学的精神に支えられ、植物学上でも国際的に高い評価を得ています。

（おおば・ひであき／植物学者）

〔*〕一九三四年刊行『牧野植物学全集』にて『日本植物志図篇』に掲載予定だった六図を紹介

ジンチョウゲ（ジンチョウゲ科）
1902（明治35）年／石版印刷／『新撰日本植物図説』第2巻第3集第75図版*

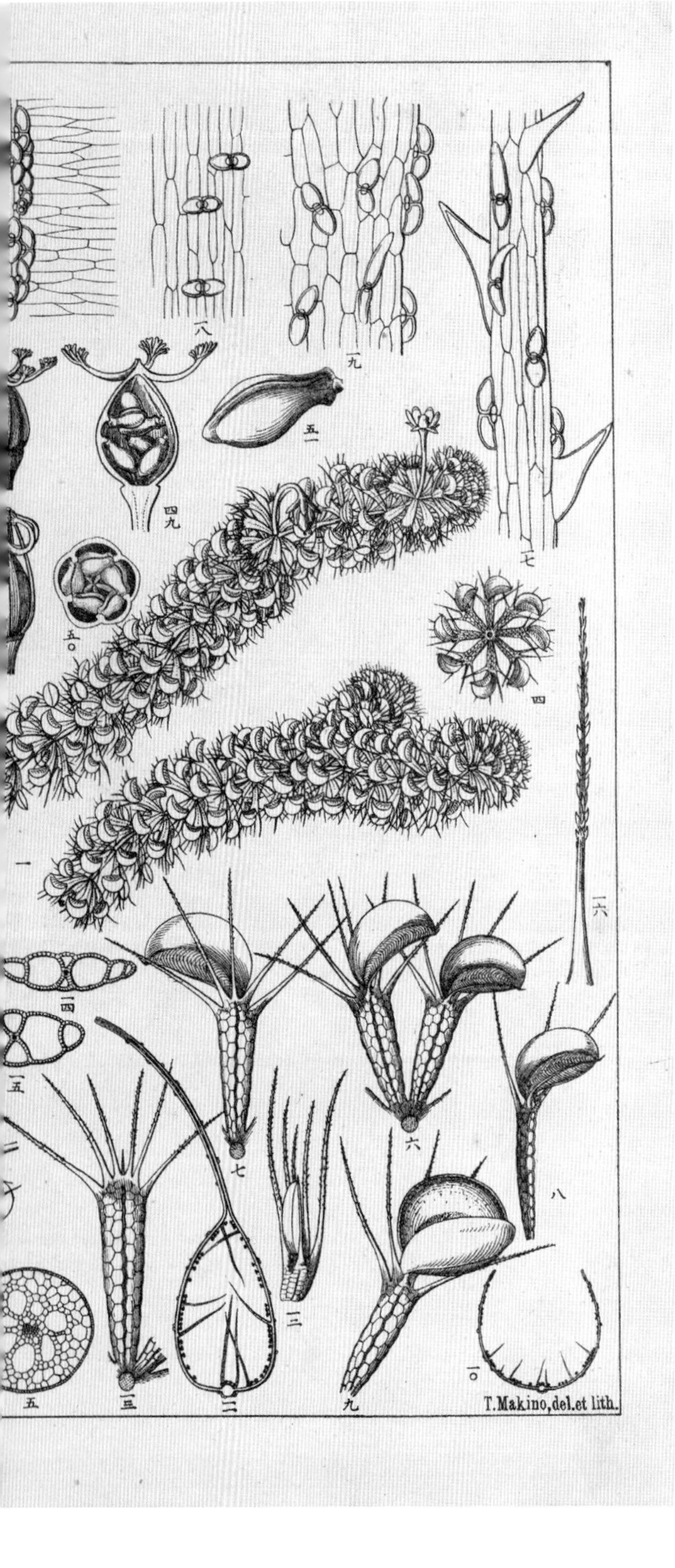

ムジナモ（モウセンゴケ科）
1891（明治24）年／石版印刷／『日本植物志図篇』第1巻第12集第70図版（未刊行）*

第七〇版 (Pl. LXX.)

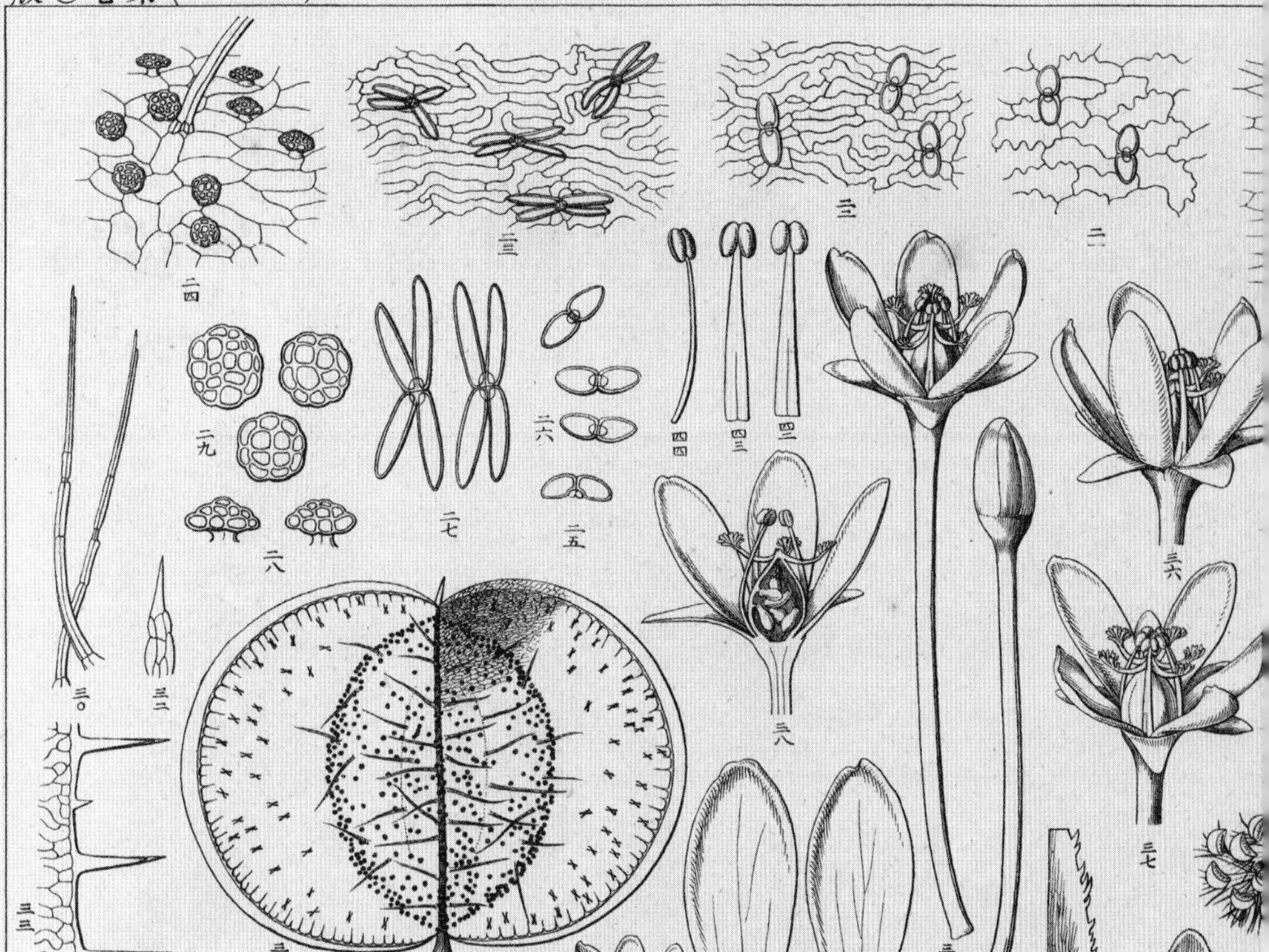

ムジナモ (*Muzinamo*)

第一圖版 Pl. I.

PRUNUS PSEUDO-CERASUS, Lindl., α. SPONTANEA, Maxim.

(*Yama-zakura*) やまざくら

ヤマザクラ（バラ科） 一九〇〇（明治三十三）年／銅版印刷／『大日本植物志』第一巻第一集第一図版*

T. Makino, ad nat. delin.　　　F. Mishima, sculp.　Tokyo Tsukiji Type Foundry, lith. et imp.

ヤマザクラ（バラ科）一九〇〇（明治三十三）年／石版印刷／『大日本植物志』第一巻第一集第二図版*

PRUNUS PSEUDO-CERASUS, Lindl., α. SPONTANEA, Maxim.

(*Yama-zakura*)　やまざくら

第十圖版 Pl. X.

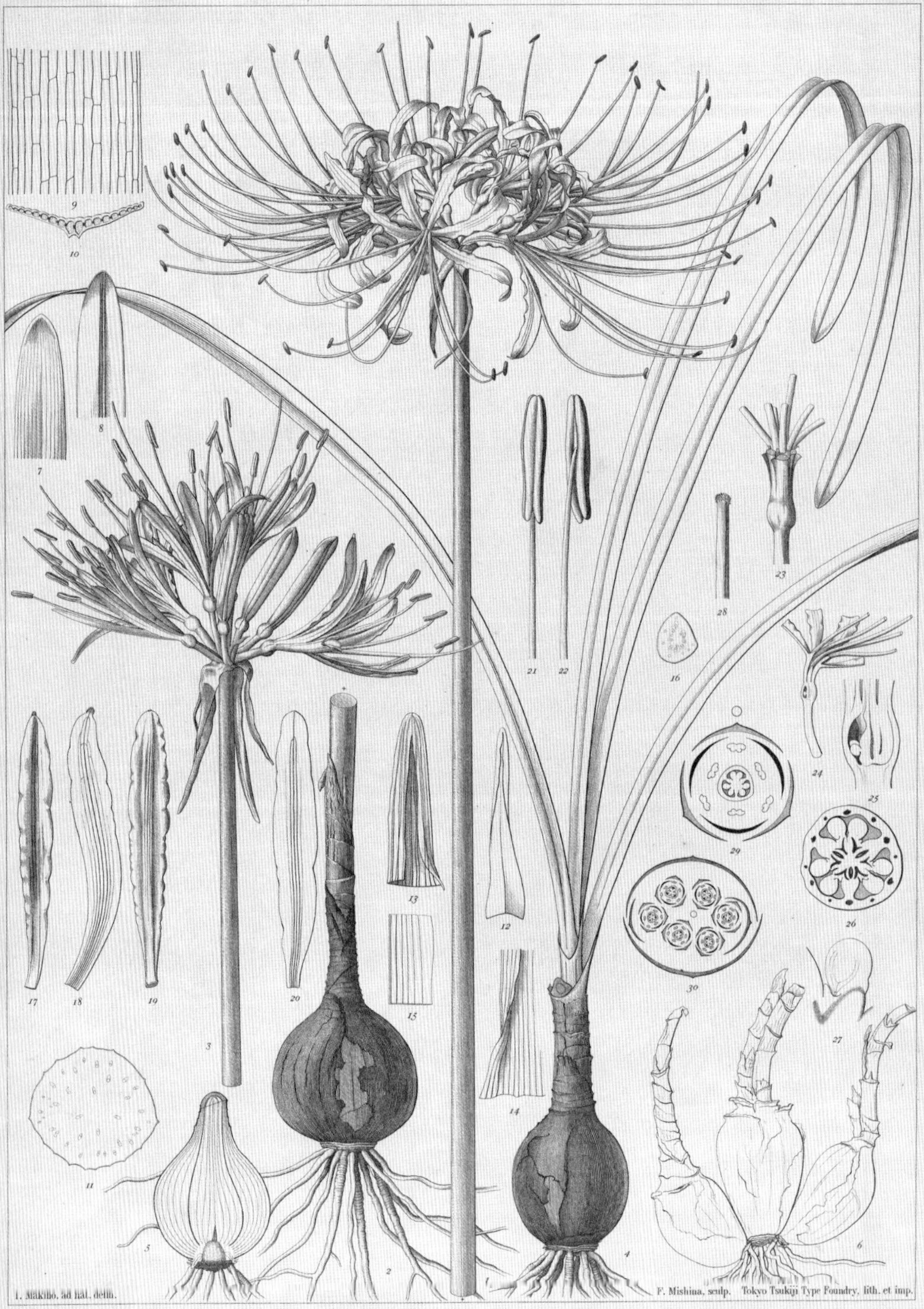

Lycoris radiata, Herb.

(*Higan-bana*) ひがんばな

ヒガンバナ（ヒガンバナ科）一九〇六（明治三十九）年／石版印刷／『大日本植物志』第一巻第三集第十図版*

版圖六十第 **Pl. XVI.**

Calypso bulbosa, Reichb. fil. var. japonica, Makino.

(Hotei-ran) んらいてほ

ホテイラン（ラン科）一九一一（明治四十四）年／石版印刷、多色刷り／『大日本植物志』第一巻第四集第十六図版*

徹底した校正をもってして

植物誌を出版するため、東京神田錦町の印刷工場で一年間「石版印刷の稽古をした」こともある牧野。精細な植物図を印刷で再現すべく、校正にも力を注いだ。その徹底した校正は、ときに印刷屋泣かせでもあったという。

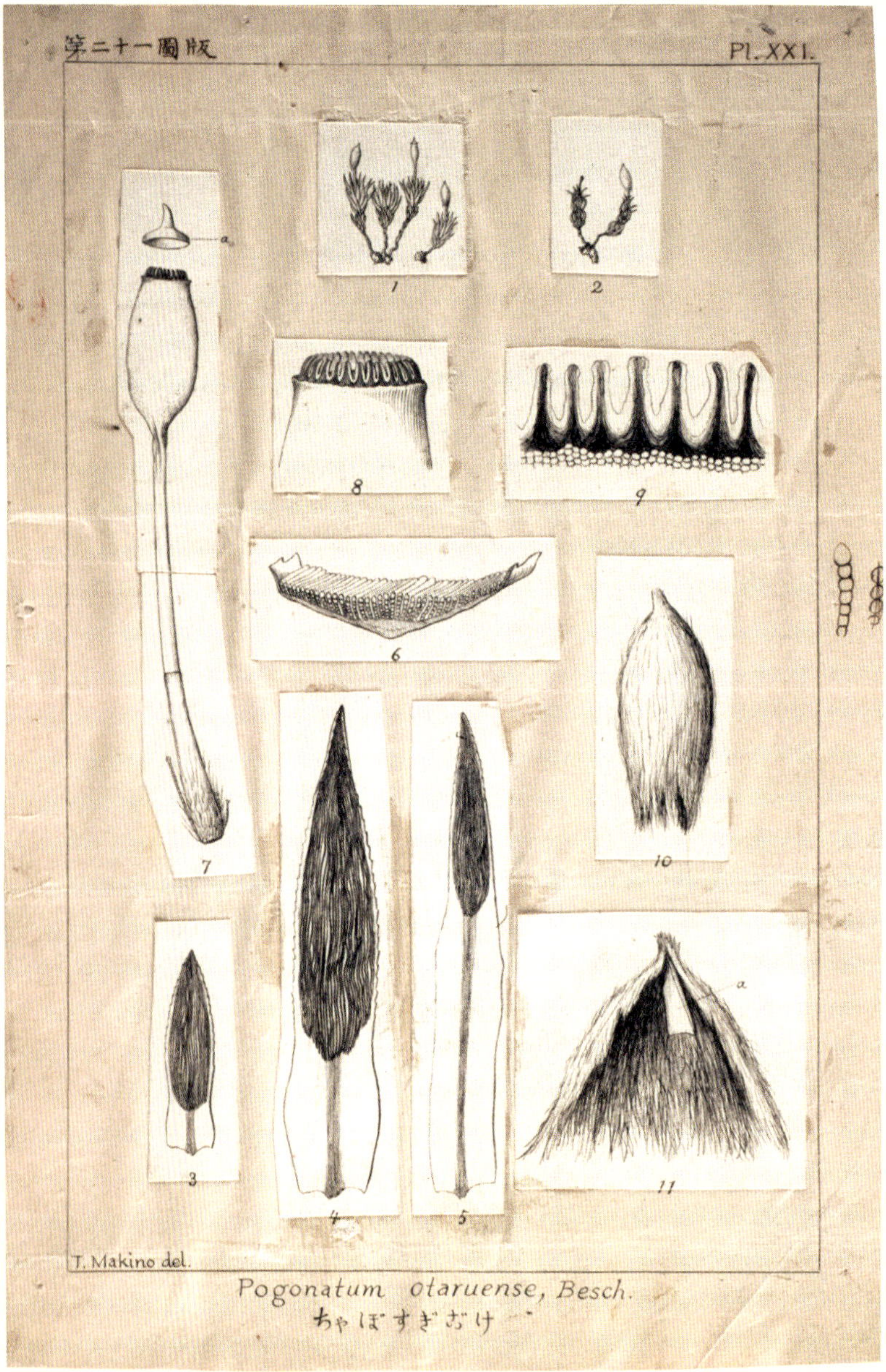

チャボスギゴケ（スギゴケ科）原図
『新撰日本植物図説』下等隠花類部第21図版の原図

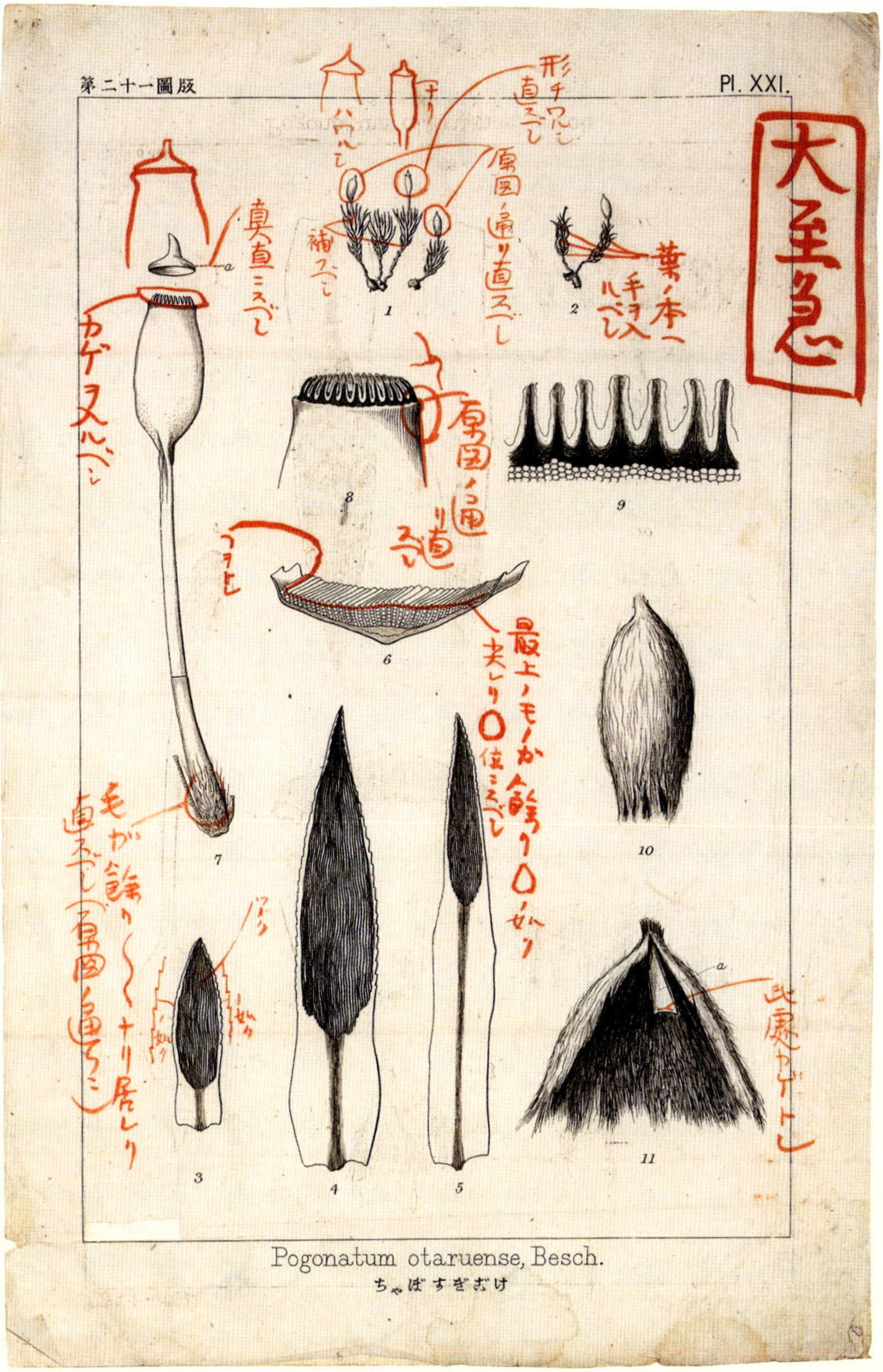

印刷にあたり、前頁のチャボスギゴケ図を牧野が校正したもの。*

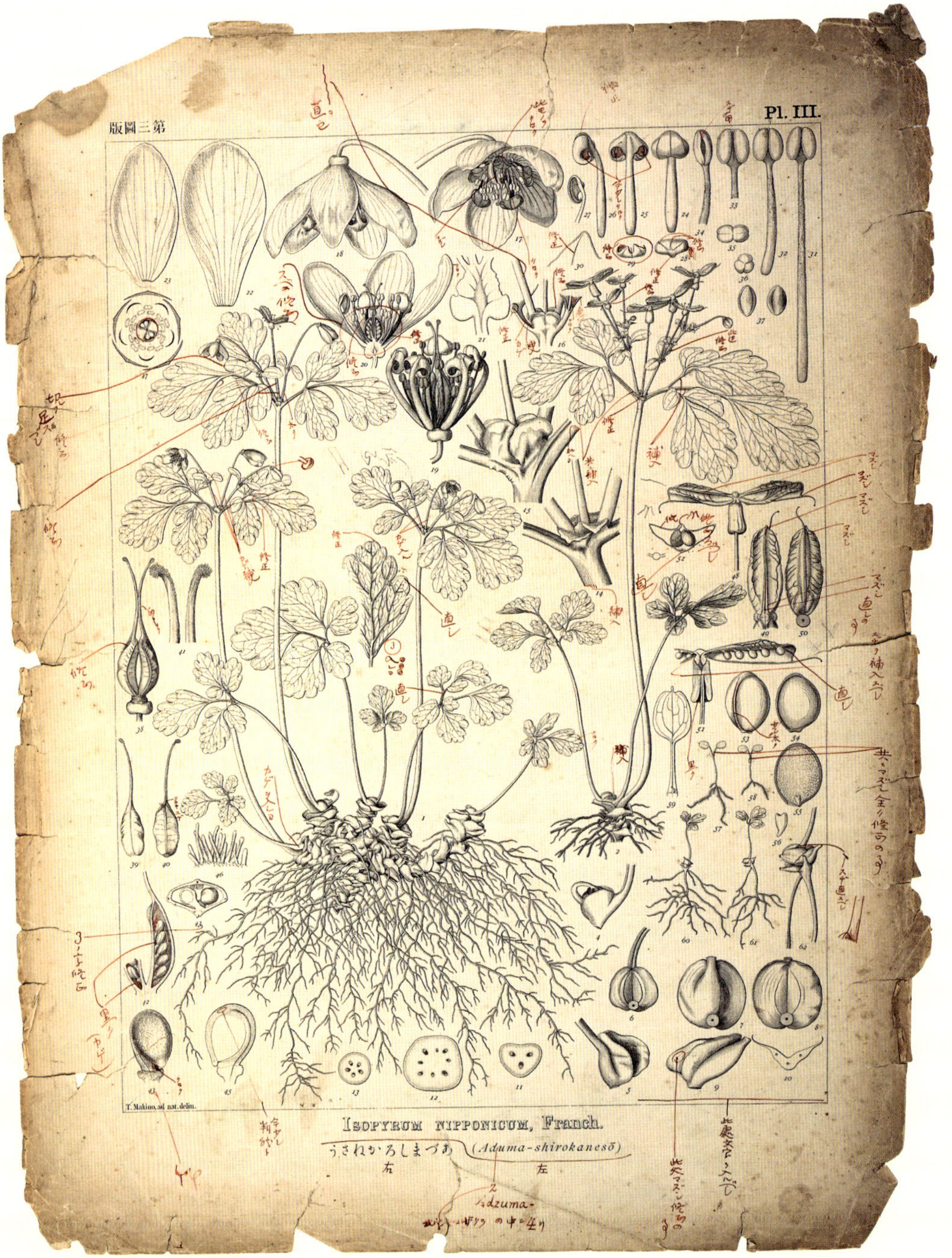

アズマシロカネソウ（キンポウゲ科）**校正**

1900（明治33）年刊『大日本植物志』第1巻第1集第3図版*

makino history

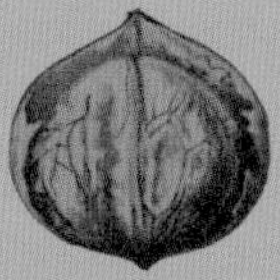

2

牧野式評伝 草篇

――青年牧野。そして、植物採集のことなど

牧野画ゴンロククルミ（部分）*

ただ私一人のみ生まれた

――郷里・高知佐川でのこと

江戸時代末期の一八六二（文久二）年、土佐国高岡郡佐川村（現高知県高岡郡佐川町）の裕福な商家に生まれる。幼くして両親と祖父を相次いで亡くし、祖母に大切に育てられる。文教の盛んな土地柄ということもあり、寺子屋や私塾などで和漢学、英語、西洋の近代諸学科を学ぶ。小学校制が布かれ、小学校に通うが授業に飽き足らず自主退学。一方で、植物書を愛読し植物を知ることに熱中。地元で独自に植物採集を始め、本格的に植物学を志す。

私が土佐の国高岡郡の佐川町で生まれ、呱々《ここ》の声をあげたのは文久二年の四月二十四日であって、ここにはじめて娑婆の空気を吸いはじめたのである。

私が生まれて四歳の時に父が亡くなり、六歳の時に母が亡くなった。私は幼なかったから、父母の顔を覚えていない。そして、私には兄弟もなく姉妹もなく、ただ私一人のみ生まれた。

生まれたときは、大変に体が弱かったらしい。そして乳母が雇われていた。けれども、酒屋の後継ぎ息子であったため、私の祖母がたいへんに大事に私を育てた。祖父は両親より少しく後で私の七歳の時に亡くなった。

ずっと後、私が二十六歳になったとき、明治二十年にこの祖母は亡くなった。私はまったくの独りになってしまった。家業はいっさい番頭まかせだった。

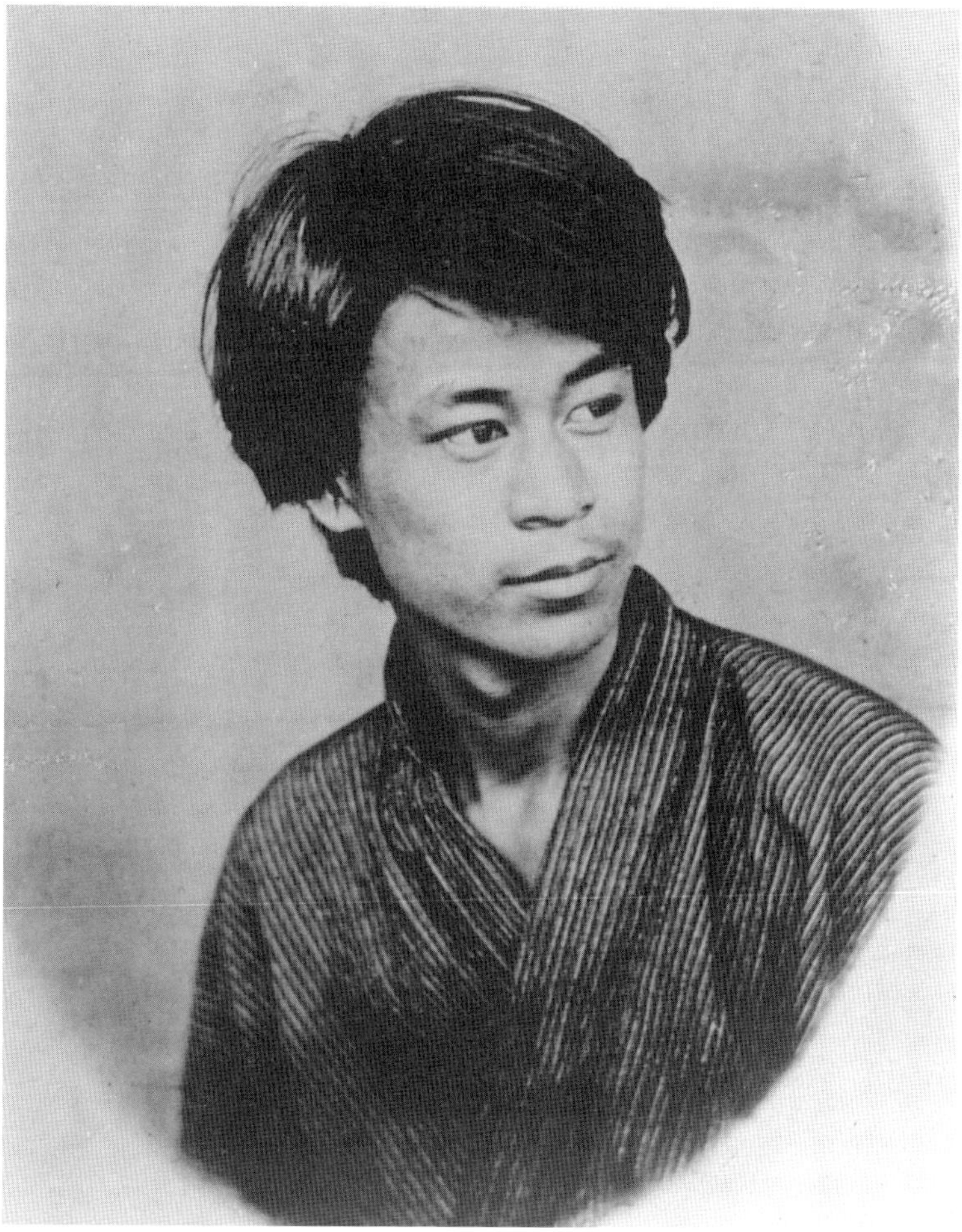

牧野富太郎、20歳の頃。35〜45頁の肖像写真・資料は高知県立牧野植物園所蔵・写真提供。

「小学校を退いてからは本を読んだりして暮らしていたらしいが、別に憶えていない。
私はその前から植物が好きで、わが家の裏手にある産土《うぶすな》神社のある山に登ってよく植物を採ったり、見たりしていたことを憶えている。」

年少時代ニ抱懐セシ意見

植物学を志すようになった「明治十四、五年、私が二十歳頃に」「当時私の抱懐していた意見を書き附けた」勉強心得、「赭鞭一撻《しゃべんいったつ》」。赭鞭とは、医学と薬学の象徴とされる古代中国伝説上の帝王神農が手にしていた赤い鞭。

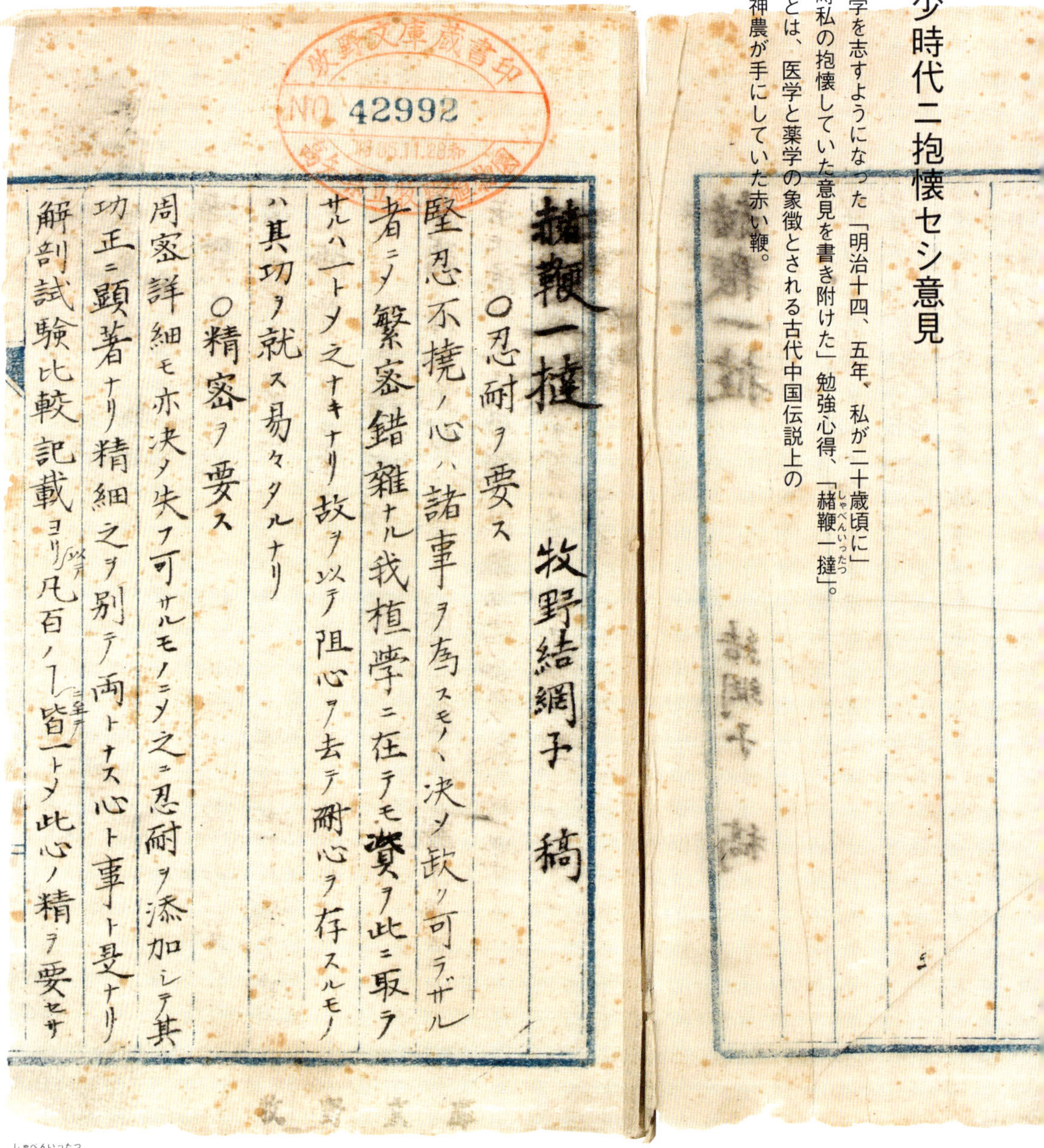

「赭鞭一撻《しゃべんいったつ》」
富太郎が若き日に綴った、15カ条からなる勉強心得。「結網子（けつもうし）」とは富太郎の号。*

赭鞭一撻《しゃべんいったつ》〈十五カ条〉

結網子《けつもうし》 稿

○忍耐ヲ要ス
○精密ヲ要ス
○草木ノ博覧ヲ要ス
○書籍ノ博覧ヲ要ス
○植学ニ関係スル学科ハ皆学ブヲ要ス
○洋書ヲ講ズルヲ要ス
○当ニ画図ヲ引クヲ学ブベシ
○宜ク師ヲ要スベシ
○吝財者ハ植学者タルヲ得ズ
○跋渉ノ労ヲ厭フ勿レ
○植物園ヲ有スルヲ要ス
○博ク交ヲ同志ニ結ブ可シ
○邇言ヲ察スルヲ要ス
○書ヲ家トセズシテ友トスベシ
○造物主アルヲ信ズル毋《なか》レ

（『混混録』より項目のみ抜粋）

〈現代語訳　抄〉

○何事においてもそうであるが、植物の詳細は、ちょっと見で分かるようなものではない。行き詰まっても、耐え忍んで研究を続けなさい。○観察にしても、実践にしても、比較にしても、記載文作成にしても、不明な点、不明瞭な点が有るのをそのままにしてはいけない。いい加減で済ます事がないように、とことんまで精密を心がけなさい。○材料（草木）を多量に観察しなさい。そうしないで、少しの材料で済まそうとすれば、知識も偏（かたよ）り、不十分な成果しか上げられない。

（中略）○植物を探して山に登り、森林に分け入り、川を渡り、沼に入り、原野を歩き廻りしてこそ新種を発見でき、その土地にしかない植物を得、植物固有の生態を知ることができます。しんどい事を避けては駄目です。○自分の植物園を作りなさい。遠隔の地の珍しい植物も植えて観察しなさい。鑑賞植物も同様です。いつかは役に立つでしょう。必要な道具も勿論です。

（後略）

（高知県立牧野植物園による現代語訳を参照）

自由民権運動をしていた1883（明治16）年、21歳頃の富太郎（中央）。「政治論争の時間を、植物研究に向けるべき」と脱退。*

「私の青年時代は、土佐は自由党の天下であった。「自由は土佐の山間から出る」とまでいわれ、土佐の人々は大いに気勢を挙げたもんである。自由党の本尊は、郷土の大先輩板垣退助で、土佐一国はまさに自由党の国であった。（中略）私の郷里佐川町も、全町挙げて自由党員であった。私も熱心な党員のひとりであって、政治に関する書物をずいぶん読んだ。ことに、スペンサアの本などは愛読したものだ。」

富太郎が1889（明治22）年に設立した佐川理学会。*

「私は二十代の頃世の中の進歩開化のためには、どうしても科学を盛んにしなければならぬと痛感して、私が先に立って郷里に「理学会」をつくり、郷土の学生を集めて講演をしたり、蒐集した書籍を提供したりして郷土民の啓蒙に努力しました。（中略）当時は私の家には財産があったので、この頃は学問に遊んでいたのです。親が早くなくなったので親よりの制裁もなく、自分の念うままにすきな植物研究に入って行ったのです。こうして自分の研究を進める一面、自分は方々よりあつめた本を郷土の人々に紹介しては読書の関心を強めようとしていたのです。」

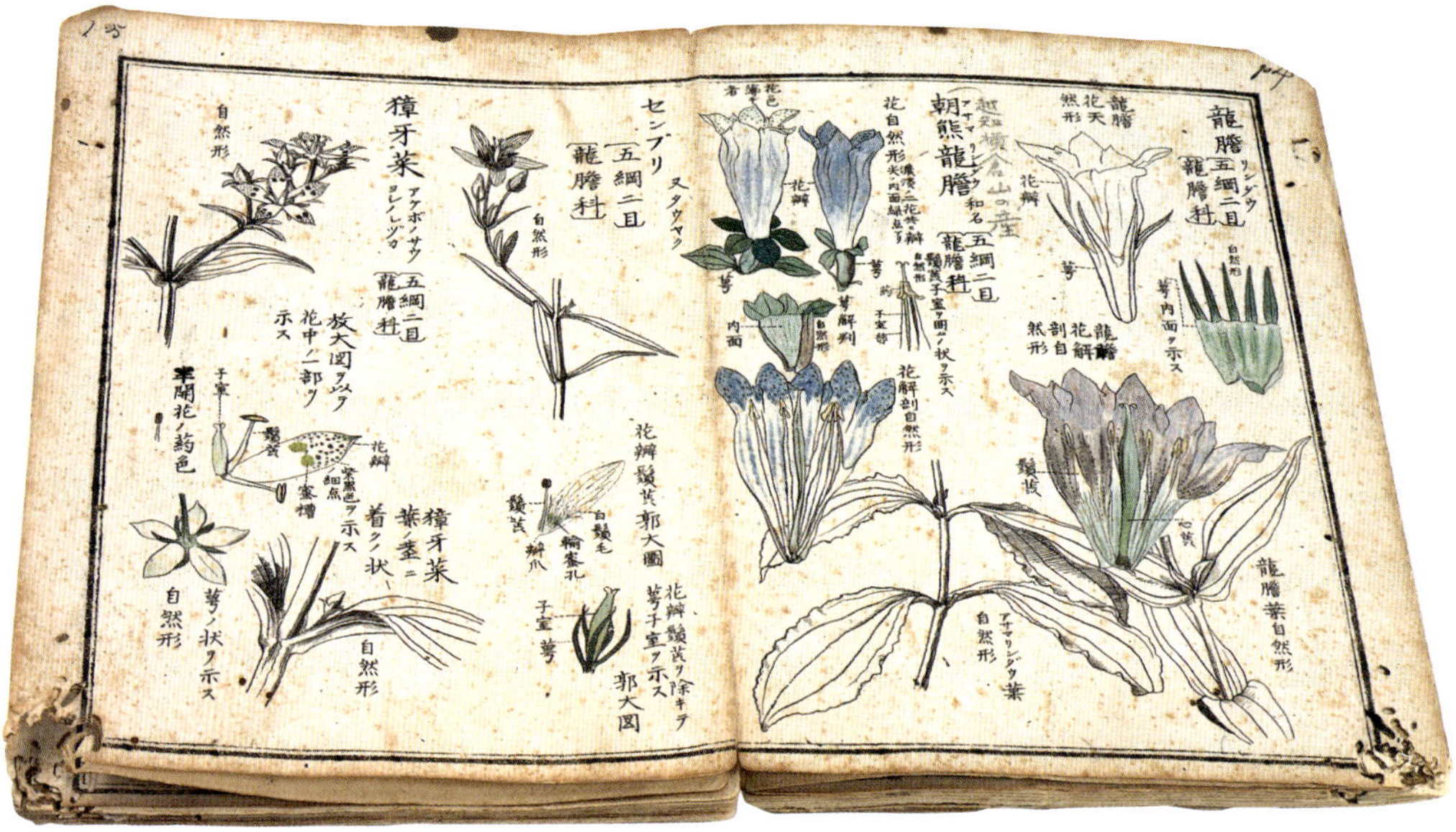

大いに土佐の国で採集せねばいかん

一八八一（明治十四）年四月、
書籍や顕微鏡などを購入するため東京へ旅行。
「佐川へ帰ると大いに土佐の国で
採集せねばいかんと思い」、
佐川から西南地方の幡多《はた》郡一円を採集して歩く。

「植学備攷《しょくぶつびこう》」
1880（明治13）年の植物観察記録。本草書や和蘭（オランダ）の植物学本などで養った眼と知識に描写力が加わっている。*

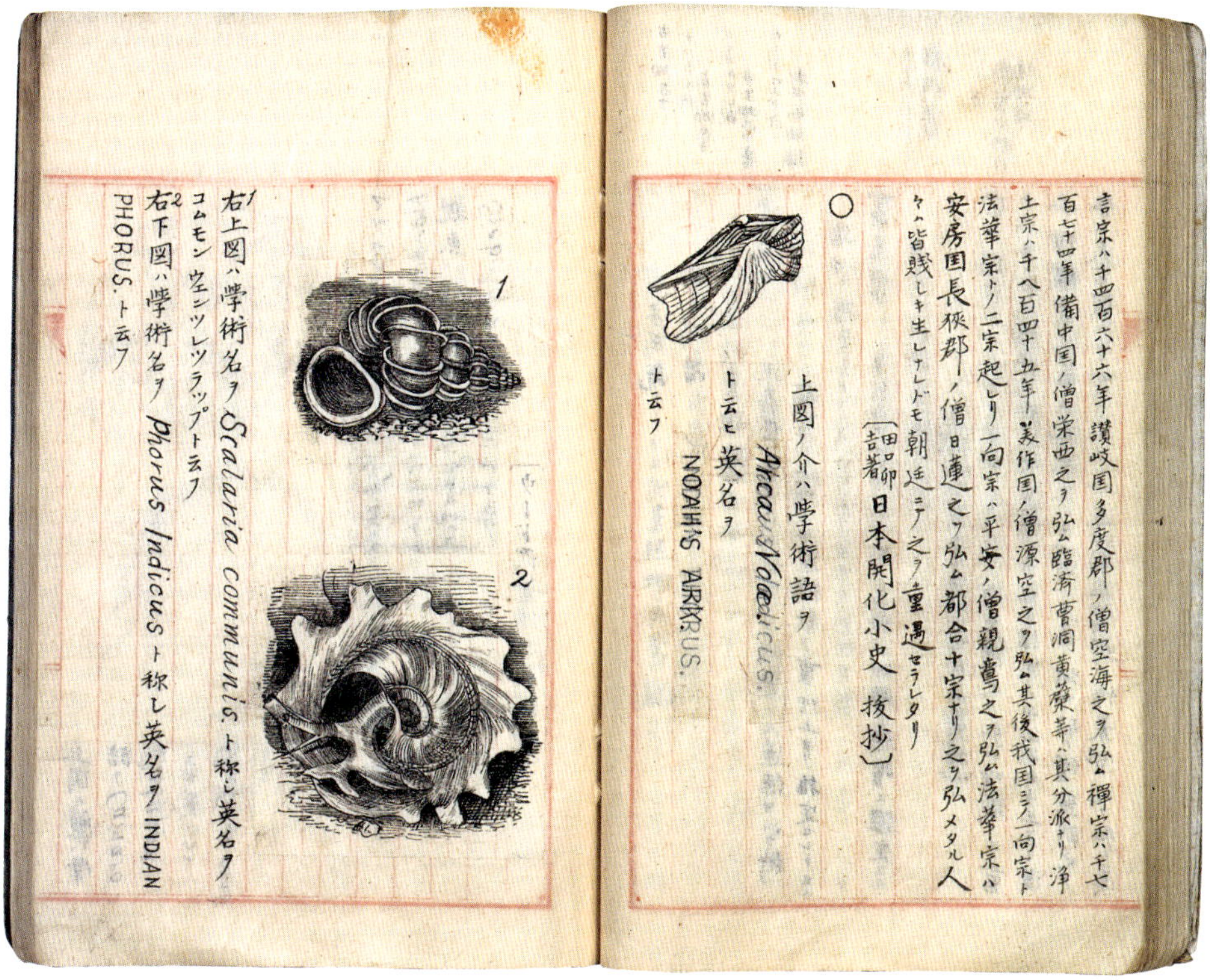

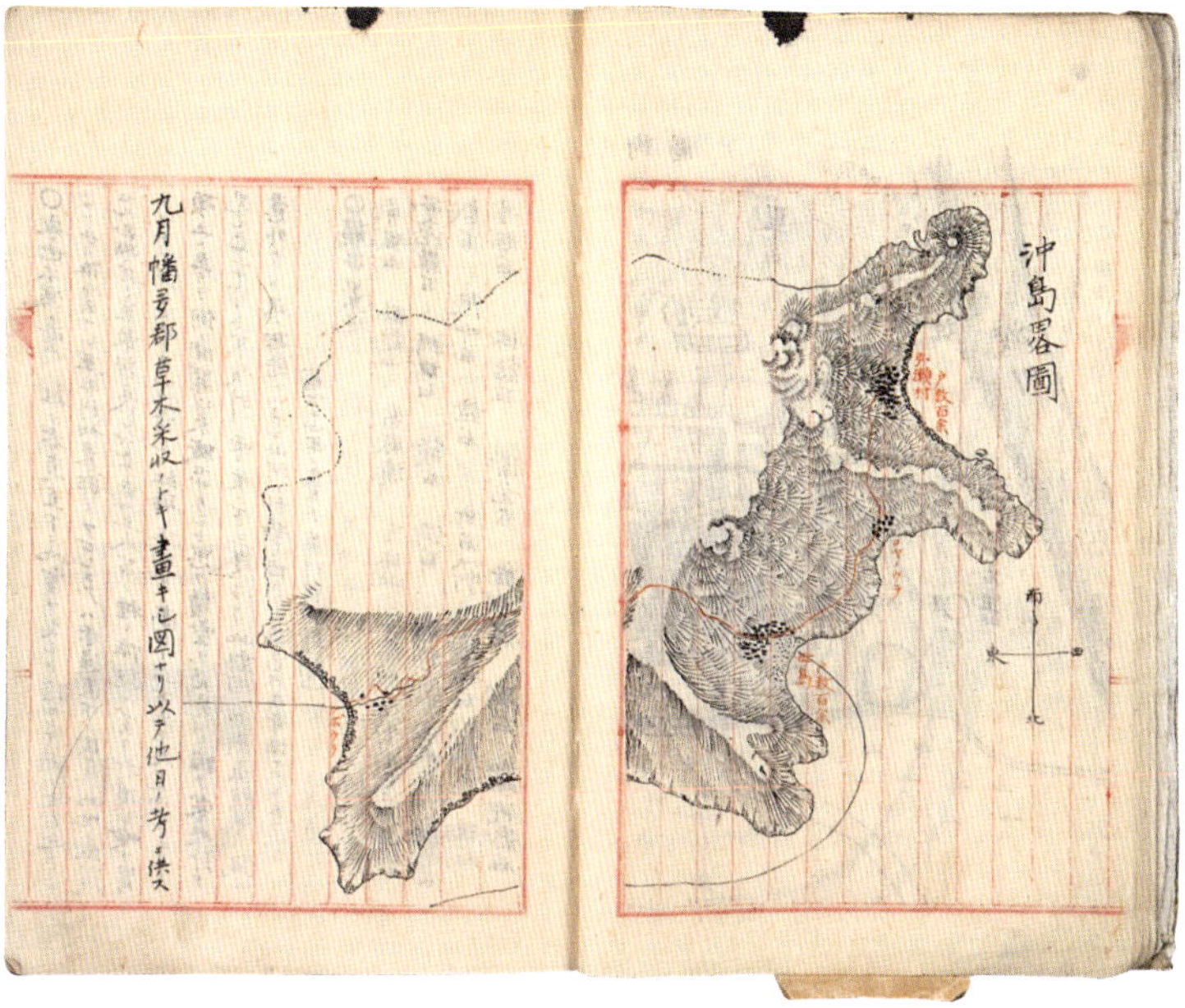

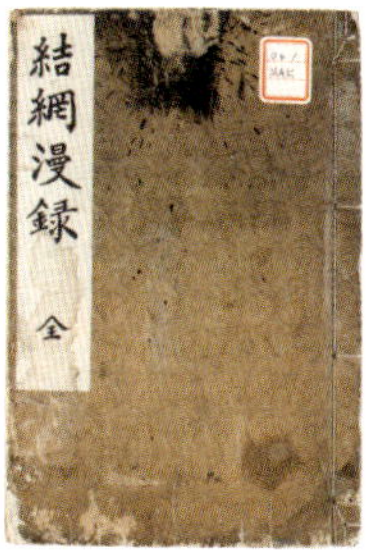

「結網漫録《けつもうまんろく》」

1881（明治14）年頃から書き始めた抜き書き帖。下は約1カ月費やして植物採集をした高知県西南部（土佐幡多郡）の地図。*

1900（明治33）年、38歳の頃。東京帝国大学理科大学（現東京大学）の助手室で。*

学問をするために東京へ出る

——東京大学の植物学教室へ

一八八四（明治十七）年、二十二歳。上京し、東京帝国大学（現東京大学）の植物学教室に出入りを許され、植物研究に没頭。当時日本の研究者は、海外に植物を送り学名をつけてもらっていたので、自ら日本の植物に学名をつけ、独自の日本植物誌を作ろうと大志を抱くようになる。石版印刷技術を習うなど準備を進め、一八八八（明治二十一）年、植物図も自ら描き、『日本植物志図篇』を出版。植物学教室の教授にも喜ばれ、絶賛される。

明治十七年、再度上京して東京に居を定めた私は、飯田町の山田顕義という政府の高官の屋敷近くに下宿を見つけた。当時、下宿代は月四円であった。

下宿の私の部屋は、採集した植物や、新聞紙や、泥などが一面に散らかっていたので、「牧野の部屋はまるで狸の巣のようだ」とよくいわれたものである。

私は幸運にも、東京大学の植物学教室に出入りを許され、研究上の便宜を与えられていた。この狸の巣には、植物学の松村任三先生や、動物学の石川千代松先生などもよく訪ねてきた。

その頃、わたしは、東京の生活が飽きると、郷里に帰り、郷里の生活が退屈になると、また東京の狸の巣に戻るというぐあいに、だいたい一年ごとに郷里と東京との間を往復してくらしていた。

実地調査を積み重ねる

「徹頭徹尾実地」が植物学研究の神髄であると後年の牧野博士。
東京と郷里とを行ったり来たりする中、
植物の精細な観察と記録を実践していた日々の痕跡である。

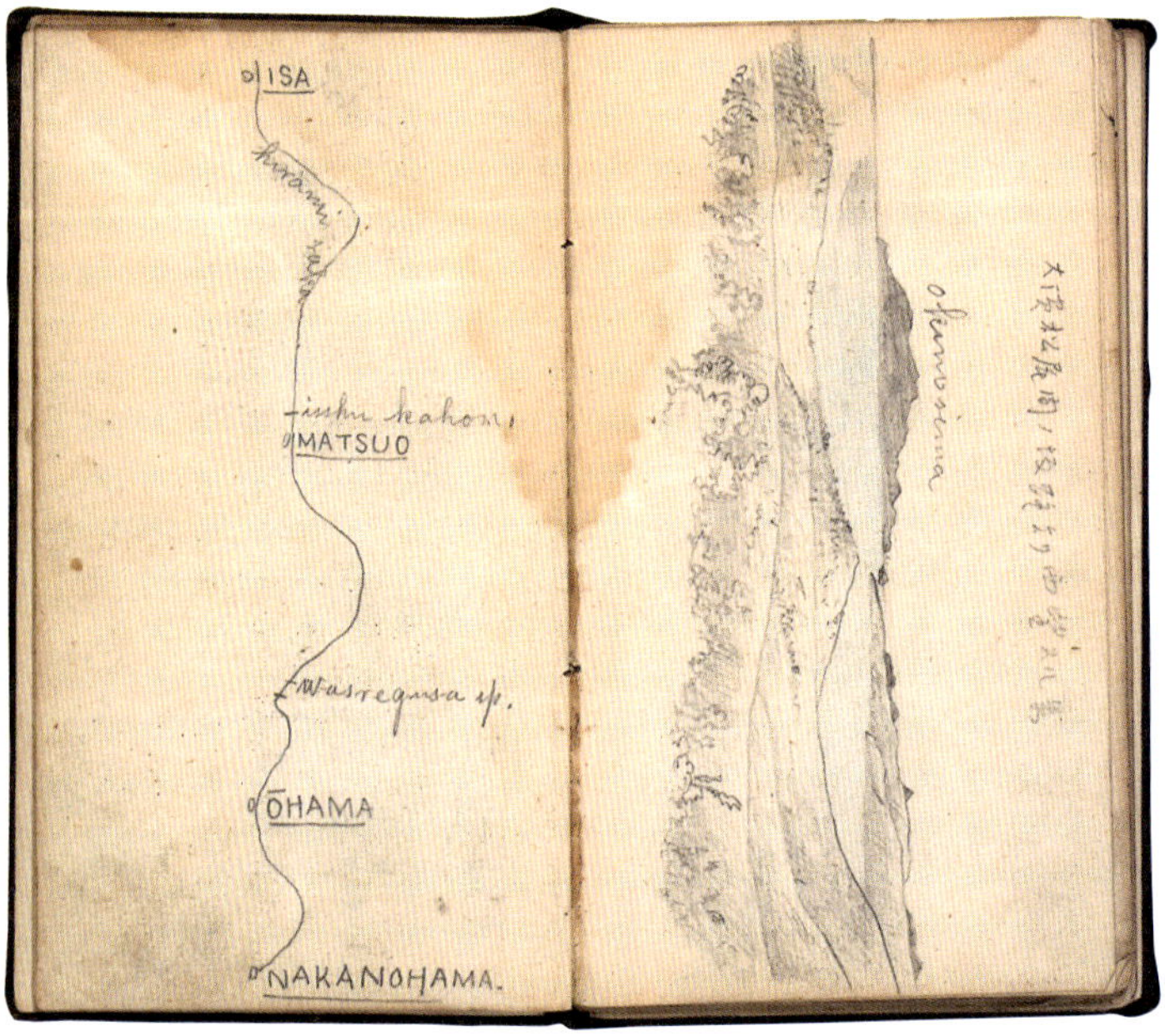

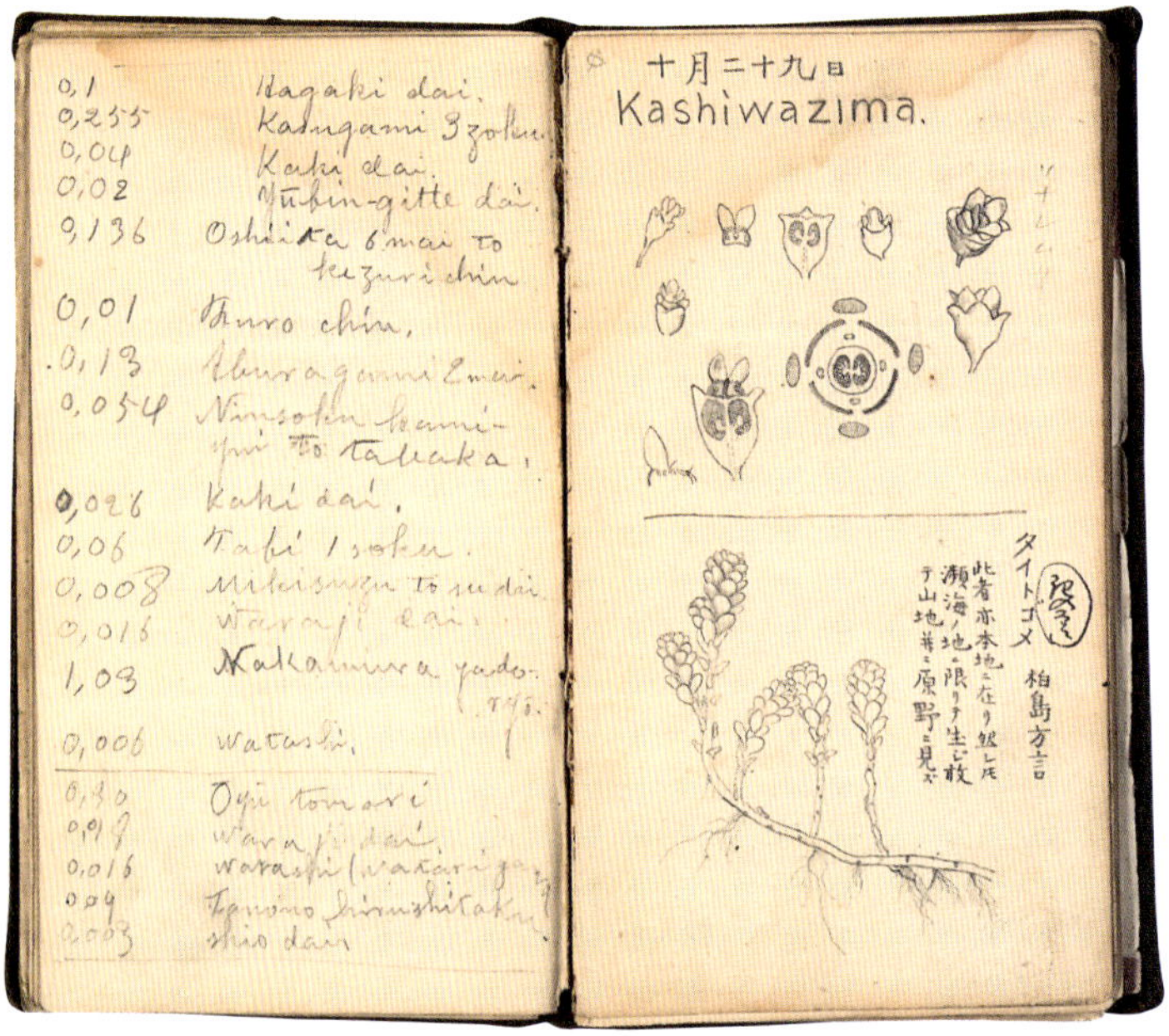

「明治18年日記」
この年、牧野は再び高知県西南部へ植物調査。その際の植物写生や風景スケッチなどが、当時流行っていたローマ字で記されている。*

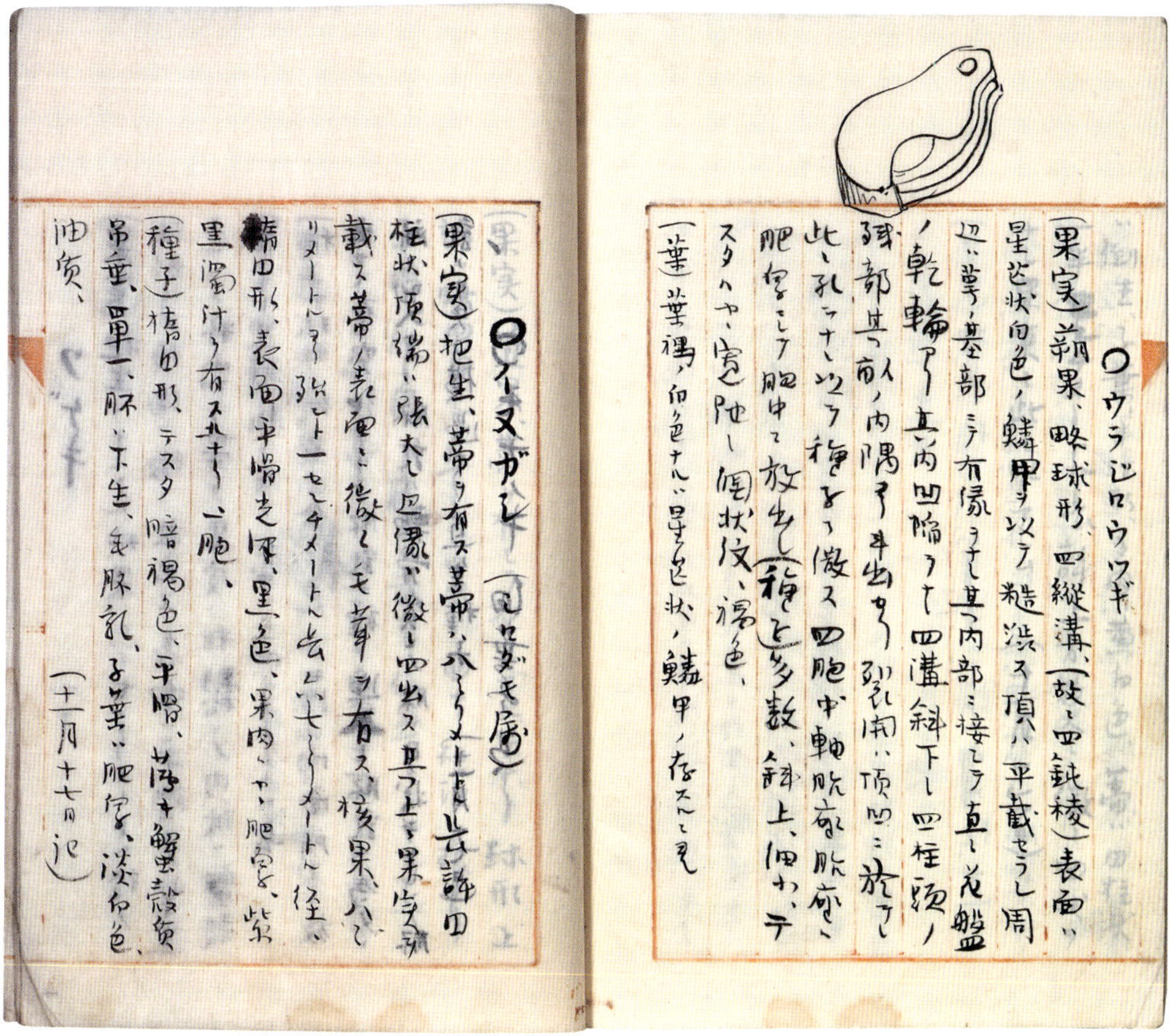

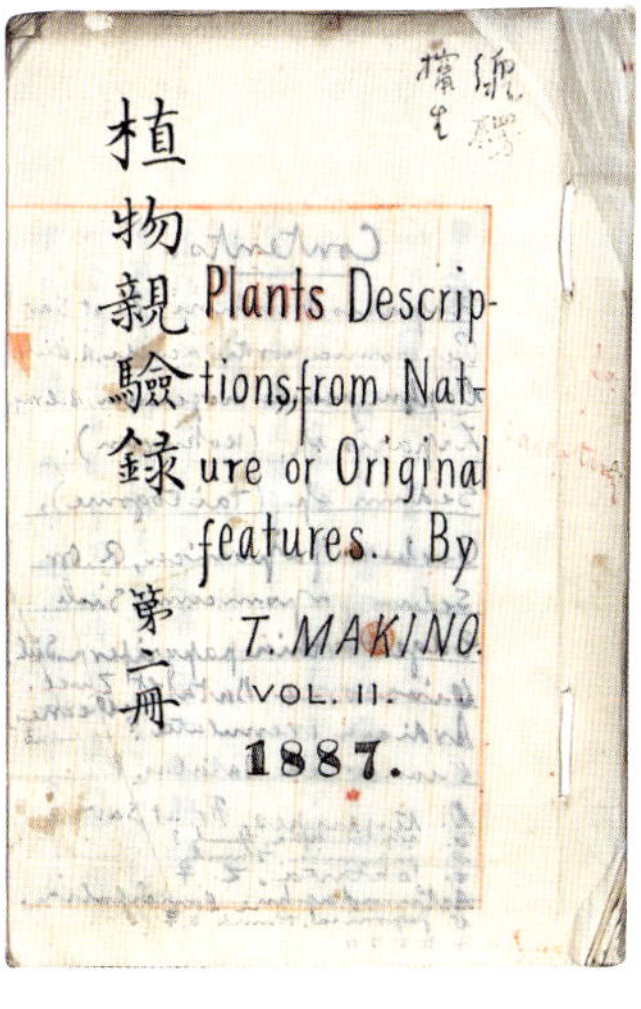

「植物親驗録」
1887（明治20）年6月から12月頃までの植物調査の詳述。一方で、この時期は『日本植物志図篇』刊行に向けて写生図を描く日々だった。*

小川一真編『東京帝国大学』1900（明治33）年から、植物園（現小石川植物園）の風景。国立国会図書館DBより

東京の大学の植物学教室は当時俗に青長屋といわれていた。植物学教室には、松村任三《じんぞう》・矢田部良吉・大久保三郎の三人の先生がいた。この先生等は四国の山奥からえらく植物に熱心な男が出て来たというわけで、非常に私を歓迎してくれた。私の土佐の植物の話等は、皆に面白く思われたようだ。

それで私には教室の本を見てもよい、植物の標品も見てよろしいというわけで、なかなか厚遇を受けた。私は暇があると植物学教室に行き、お蔭で大分知識を得た。

自分は植物の知識が殖えるにつけ、日本には植物誌がないから、どうしてもこれを作らねばならんと思い、これが実行に取掛った。

私の腕の記念碑である

植物学界にデビューを果たした処女著作『日本植物志図篇』、生家を家財整理し生活苦の中で発表した『新撰日本植物図説』、そして『大日本植物志』で斯界を「アットいわせ」た。

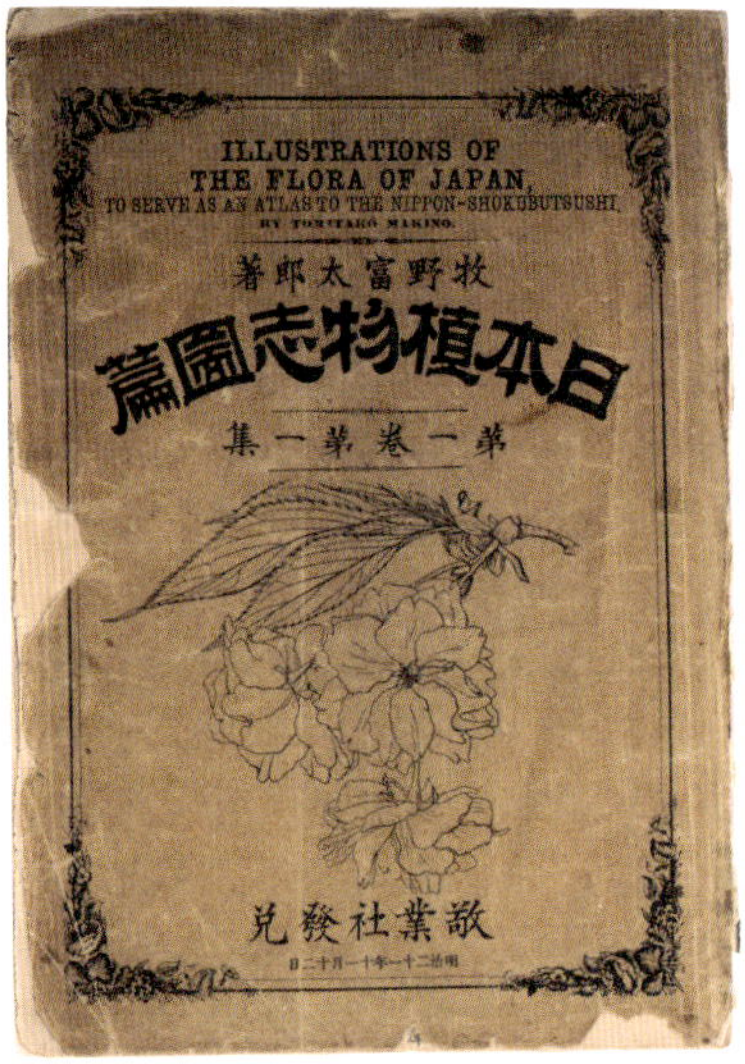

『日本植物志図篇』
処女著作。1888～91（明治21～24）年刊、第1巻第1～11集、全75図を所載、自費出版。描図はもとより、石版印刷製版も手ずから。*

「この第一集の出版は、私にとって全く苦心の結晶であった。日本の植物誌をはじめて打建てた男は、この牧野であると自負している。」

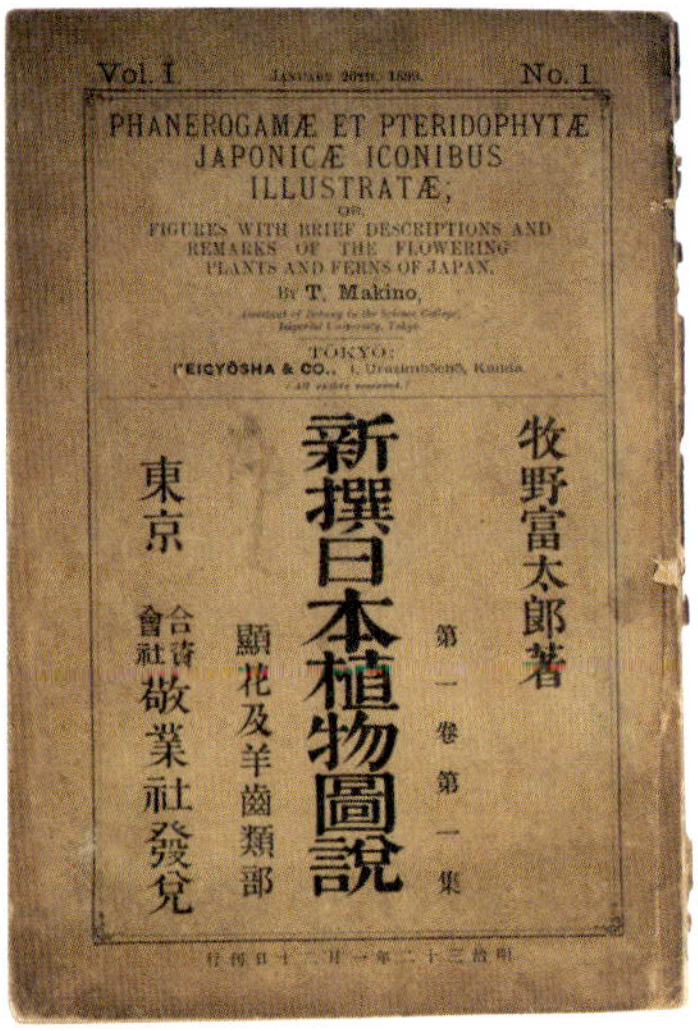

『新撰日本植物図説』
1899～1903（明治32～36）年刊、第1巻第1～12集、第2巻第1～8集、全100図を所載。生活が困窮する中での刊行だったため、序文には家計状況をしたためる。*

「然しこの書籍も私の生活を救うことにはならなかった。」

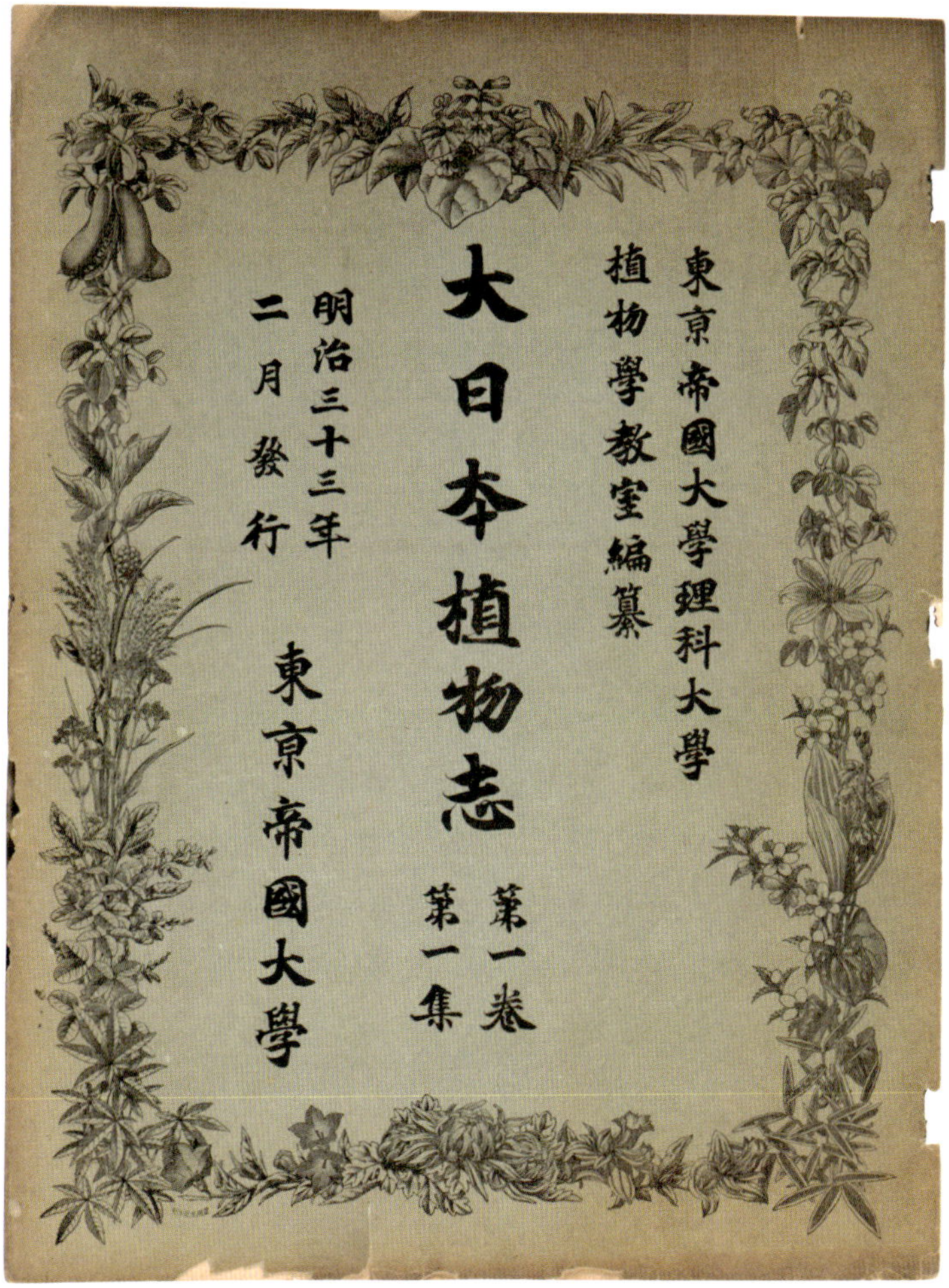
東京帝國大學理科大學
植物學教室編纂
大日本植物志
第一巻
第一集
明治三十三年
二月發行
東京帝國大學

「わが日本の植物各種を極めて綿密に且つ正確に記載し、これを公刊して書物となし、世界の各国へ出し、大いに日本人の手腕を示して、日本の学術を弘く顕揚し、且つ学界へ対して極めて重要な貢献をなし得べきものを準備するにある。つまり各国人をアットいわせる誇りあるものを作りたいのだ。」

『大日本植物志』
牧野の編集で東京帝国大学理科大学より出版。1900（明治33）年から1911年、第4集まで刊行（中断）。植物10種（内1種は写真）、16図を所載。高知県立牧野植物園所蔵・写真提供（同48頁）

芸が身を助ける不仕合せ
——植物学教室の助手になる

越えて明治廿五年になった。月も日も忘れたが、大学から一の書面が私の郷里に届き私の手に入った。披《ひら》いて見ると君を大学へ採用するから来いとの事が書いてあった。大抵の人ならこんな書面に接したら飛び立つ様に喜ぶであろうが、私はそう嬉しい様にも感じ無くアアそうかという位の気持ちであった。そこで早速返書を認めて、只今我が家を整理中だからそれが済んだら上京して御世話になりますと挨拶をしておいた。

翌明治廿六年一月になって私の長女が東京で病死したので急遽私は上京した。大学の方はどう成っているか知らんと聴いて見たら、地位がそのまま空けてあるからいつからでも這入れという事で、私は遂に民間から入って大学の人と成り、助手を拝命して植物学教室に勤務し、毎月月給を大枚十五円ずつ有難く頂戴したが、これは一面から言うと実は芸が身を助ける不仕合せでもあったのである。

出版や新種の発表など目覚ましい活躍を見せる一方、研究のために郷里の財産を使い果たしたこともあり、実家の経営は傾く。一八九一（明治二十四）年、家財整理のため佐川へ帰郷、高知で写生や植物採集に励む。九三年、帝国大学理科大学助手となり、東京を基盤に活動するが、生活は困窮。それでも多額の借金をしながら植物の研究に打ち込み、日本全国をまわって膨大な数の植物標本を作製。四十万枚に及ぶ植物標本を後世に遺した。

1904（明治37）年6月21日、武蔵王子瀧野川（現東京都北区）にて、採集したシラスゲを上着に巻き包んで持つ。高知県立牧野植物園所蔵・写真提供

topics

大学助手罷免譚

学術機関誌『植物学雑誌』（一八八七年、友人らと創刊）に、日本植物の研究の結果を続々と発表する、東京帝国大学理科大学助手・牧野。このことが教授の機嫌をそこね、雑誌への発表を自重するよう促される。しかし「情実で学問の進歩を抑える理窟はない」と発表し続け、教授からの「圧迫」は「十年、二十年、三十年と続」き、とうとう罷免に……。

そこへ、牧野罷免反対の声が上がり、罷免は免れるも、一九一二（明治四十五）年、東京帝国大学理科大学講師となる。


「牧野を罷めさせることはない。そんな事をしては教室が不自由で困る、また教室の秩序も乱れる」

こういって反対をした。それ程私は教室では重宝がられていたものと見える。この反対運動がやかましくなって、今度は私を講師という事にして、また学校へ入れる事になった。

牧野が植物研究成果を発表し続けた『植物学雑誌』からの“Reprinted”（1910年再版）で“Observations on the Flora of Japan”（日本の植物の観察）と題された抜き刷り。『牧野富太郎自叙伝』で、教授からの圧迫の一因として『植物学雑誌』に言及。撮影協力＝練馬区

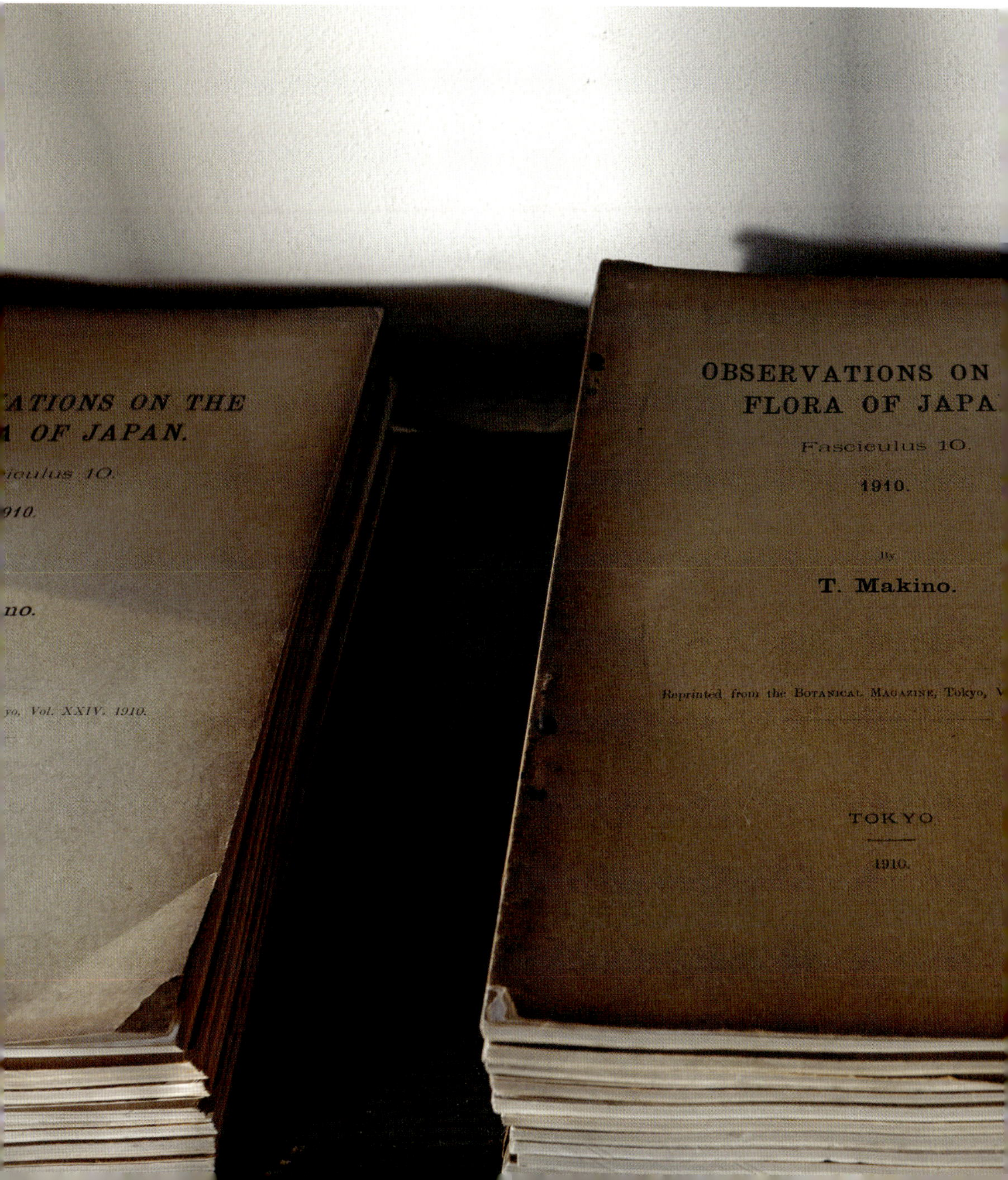

「鵜殿におもむき実地にこれを親睹実検して、ここに初めていわゆる鵜殿ノヨシの正体を知り得たのである。知ってみると、なんだふつうのヨシすなわちアシ（中略）ではないか。たちまち徳川時代からの学者の迷夢がここに破れ、その実物が正確に認められたのは痛快なことでないでもない。そしてその実物は昔から依然として淀の川風にそよいでいる本来のヨシ、すなわちアシであったのにかかわらず、つまりは長い間学者がノロマであったのだ。そしてわれもまたその仲間のひとりであったのだ。」

1937年10月、摂州五領村鵜殿（現大阪府高槻市）淀川堤にて。個人蔵

篳篥（ひちりき）の「義嘴（した）」の原料・鵜殿（うどの）のヨシ（蘆）を1937（昭和12）年8月と10月に現地調査。高知県立牧野植物園所蔵・写真提供

山野は天然の教場である

考案した植物採集道具・牧野式胴乱《どうらん》をはじめ、全国各地の植物を踏査したときのポートレートなどによる、植物採集の勧めである。

野外での植物採集に欠かせない道具類。写真上から、採集植物を入れるブリキ製容器・胴乱（どうらん）、その場で標本にする場合の挟み道具・野冊（やさつ）、標本の間に挟んで水分を取るための紙。高知県立牧野植物園所蔵・写真提供

「何といっても植物は採集するほど、いろいろな種類を覚えるので植物の分類をやる人々は、ぜひとも各地を歩きまわらねばウソである。家にたてこもっている人ではとてもこの学問はできっこない。日に照らされ、風に吹かれ、雨に濡れそんな苦業を積んで初めていろいろの植物を覚えるのである。

私が植物採集に出かける時、その採集品を始末するために、道具をたずさえて行った。吸水紙は無論のこと、押板、圧搾《あっさく》用の鉄の螺旋《らせん》器また無論大形の採集胴乱《どうらん》根掘り器などいろいろな必要器を持って行った。」

1933（昭和8）年、採取旅行より帰った牧野と採集標本、採集道具など大量の荷物。東京府北豊島郡大泉町（現練馬区東大泉）の自宅にて。個人蔵

採集したその場で植物を新聞紙で挿む。1941（昭和16）年9月28日、千葉市稲毛にて。高知県立牧野植物園所蔵・写真提供

あなた方も花を眺めるだけ、匂いをかぐだけにとどまらず、好晴の日郊外に出ていろいろな植物を採集し、美しい花の中にかくされた複雑な神秘の姿を研究していただきたいと思います。そこには幾多の歓喜と、珍しい発見とがあって、あなた方の若い日の生活に数々の美しい夢を贈物とすることでありましょう。

1935（昭和10）年秋、武州小岩江戸河畔の草地にて胴乱を枕に昼寝。個人蔵

「山嶽原野は何時も吾等の眼前に展開し、無数の草木は断えず其処に繁茂している。行け行け採集の士。行つて飽くまで其草と木とに親しみ且之れを採れ。」

胴乱を採集した植物で満杯にする牧野、伊豆の網代にて。高知県立牧野植物園所蔵・写真提供

「採集胴乱を掛けて歩く時は馬鹿に見える。其れゆえ臆病な人は往々其胴乱を風呂敷に包んでソット携帯しているが、然し何ぞ知らん、此胴乱を掛けた事から他日料るべからざる重大且貴重なる結果が生れんとは。（中略）吾人は宜しく此大きな胴乱を肩に掛け、どんな稠人《ちゅうじん》の中でもどんな市街と頭《ほとり》でも、怖めず臆せず矜《ほこ》りやかに闊歩すべきである。」

1918（大正7）年10月末から数日かけ、神戸にて池長植物研究所開所式が盛大に行われた。前列左から4人目が牧野の窮状を救った池長孟、その隣に牧野、妻の壽衛。*

topics

標本漂流譚

経済的苦境から、牧野が蒐集した書物や標本を手放さざるを得なくなったとき、神戸の素封家池長孟《いけながはじめ》が牧野の窮状を救う。池長は牧野の負債を肩代わりし、牧野が研究を続けられるよう、一九一八（大正七）年、植物研究所を神戸に設立。そして、牧野が蔵していた膨大な植物標本は神戸へ——。しかし、標本は未整理のまま神戸の研究所で保管され、牧野のもとへ戻ったのは、一九四一（昭和十六）年であった。

結局池長さんが私の負債を払ってくれることになり、これを綺麗に清算してくれた上で神戸に池長植物研究所をつくられたのです。それのみならず当時池長さんは月々若干の生活の補助を私にして下さったのであり、私にとって終生忘れることの出来ない恩人になっています。

1921（大正10）年、神戸の池長植物研究所２階に未整理のまま置かれた膨大な植物標本。写真左奥は牧野。高知県立牧野植物園所蔵・写真提供（同60頁）

この標品の始末を速《すみやか》になし遂げる迄は、私は安泰としてはいられない気持でいる。

標本は24年を経て、1941（昭和16）年、池長から無償で返還されることになった。写真は、返還翌年12月2日、大泉の自宅に戻ってきた標本と牧野。個人蔵

makino heritage

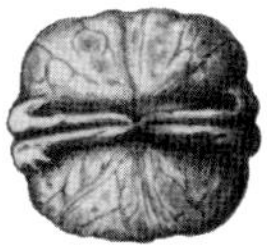

3

牧野の実り

図鑑と標本と蔵書

牧野画ゴンロククルミ（部分）*

牧野日本植物図鑑

An Illustrated Flora of Nippon by Dr. T. Makino 1940

「いろいろの書物を著わし、出版した中で」「一番広く世人に愛読せられている」と自任するように牧野富太郎の代表的著作である。一九四〇（昭和十五）年、牧野七十八歳の時に刊行。牧野にとって植物研究の集大成となったこの図鑑は、初版刊行後も改訂・増補により版を重ね、牧野晩年のライフワークともなった。

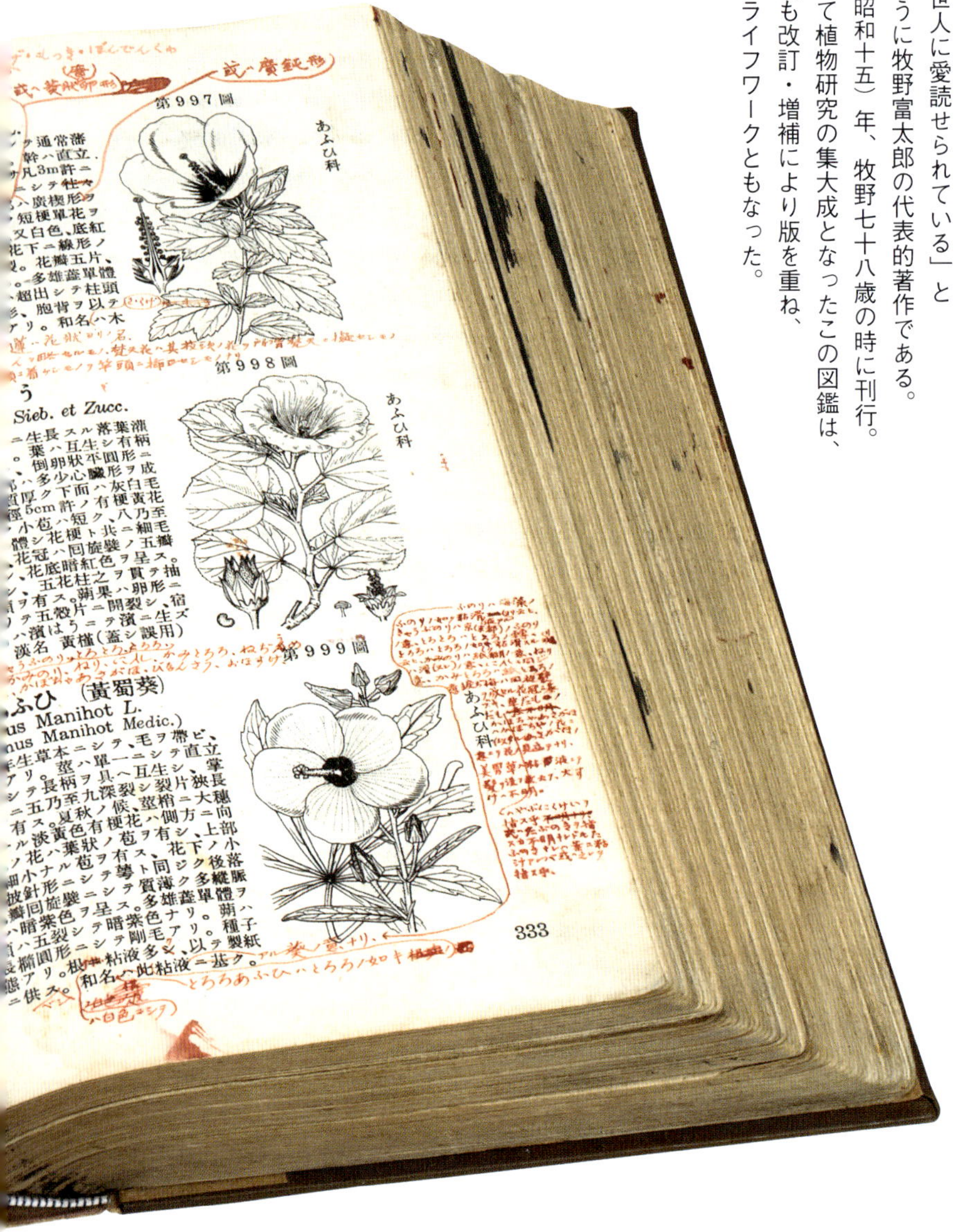

『牧野日本植物図鑑』
1940（昭和15）年、北隆館より刊行、図版は3206図。写真は、牧野が常に机上に置き、晩年まで訂正と追加を書き込み続けた初版本。高知県立牧野植物園所蔵・写真提供

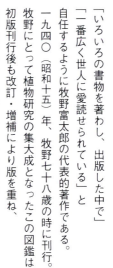

何ント無ク物足リ無イ実感ガ我ガ胸一杯デアル

第994圖
あをぎり科
第995圖
あふひ科
第996圖
あふひ科

ごじくわ
(金錢花・夜落金錢・午時花)
Pentapetes phoenicea L.
印度原産ノ一年生草本。往時我邦ニ渡来シ、観賞花草トシテ人家ニ栽培セラル。然シ近時之レヲ見ルコト殆ド無シ。莖直立シ、高サ50cm内外、單一或ハ分枝シ、毛アリ。葉ハ有柄互生シ、披針形ニシテ下部三淺裂シ、邊縁ニ粗鋸齒ヲ列シ質稍硬シ。夏秋ノ候、赤色ノ美花ヲ下ニ向テ開ク。葉腋ニ短花軸ヲ出シ、一、二ノ有梗花ヲ着ク。花徑凡3cm許。萼五片、卵形、鋭尖頭、硬毛アリ。花瓣五片平開シ、基部聯合シ、一日ニシテ謝落ス。雄蕊二十アリ、其十五ハ完全ノ葯ヲ有シ、其五ハ不完全ニシテ赤色ノ箆狀ヲ成シ、花絲ハ合シテ筒狀ト成ル。一子房一花柱アリ。蒴果ハ圓形ニシテ宿存萼ヲ伴ヒ、粗毛アリ、五室ニ分レ種子多シ。和名ハ漢名ノ午時花ニ基ク。

わた (草綿)
Gossypium indicum Lam.
一年生ノ草本ニシテ細毛ヲ帶ブ。蓋シ東亞ノ原産ナリ。畑地ニ栽培シ綿ヲ採ル、有用植物ノ一ナリ。莖ハ直立シテ疎ニ分枝シ、高サ凡60cm内外ニ達ス。葉ハ長柄ヲ有シテ互生シ柄本ニ托葉アリ、掌狀ニ三、五尖裂シ、裂片尖レリ。秋日葉腋ニ有梗花ヲ開キ花徑4cm内外アリ。花下ニ通常三齒列セル葉狀ノ三苞アリテ三角狀卵形ヲ呈シ紫色ヲ帶ブ。萼ハ小形ニシテ杯形、細綠點アリ。花瓣五片回旋襞ヲ成シ、淡黃色ニシテ花底暗赤色ヲ呈ス、又多少赤色ヲ帶ブルモノアリ、あかばなわた又ハあかわたト云フ。雄蕊ハ單體ヲ成シ多數ノ黃葯アリ。一子房、一花柱。蒴果ハ宿存苞ニ

332

私のハァバリウム

The Herbariums of Makino

牧野が採集した植物標本は約四十万点。ここでは主に牧野が〝新種〟として発表した植物の基準標本（タイプ標本）の一部を牧野の随筆と照応させた。植物の命名にまつわる逸話や、郷里への思い、そして植物を求めて全国を渉猟跋扈した姿が浮かんでくる。

標本作製中の牧野、自宅の標本室にて。高知県立牧野植物園所蔵・写真提供

「なるべく立派な標品を作ろうと、一つの種類も沢山採取塑定し、標品に仕上げた。この標品の製作には、私は殆んど人の手を借りたことはなかった。こうした努力の結晶は今日、何十万の標品となって、私のハァバリウムに積まれている。

実地に植物を観察し、採集しているうちに随分と新しい植物も発見した。その数ざっと千五、六百にも達するであろうか。また属名・種名を正したり、学名を冠したりした。」

明治十七年に私ははじめてヤマトグサを土佐で採集したが、その翌年に渡辺という人がその花を送ってくれたので、私は大学の大久保君と共に研究し学名を附し発表した。これによってはじめて日本にヤマトグサ科という新しい科名を見るに至った。この属のものは世界に於てただ三種、すなわち欧州に一、支那に一、わが国に一という珍草である。

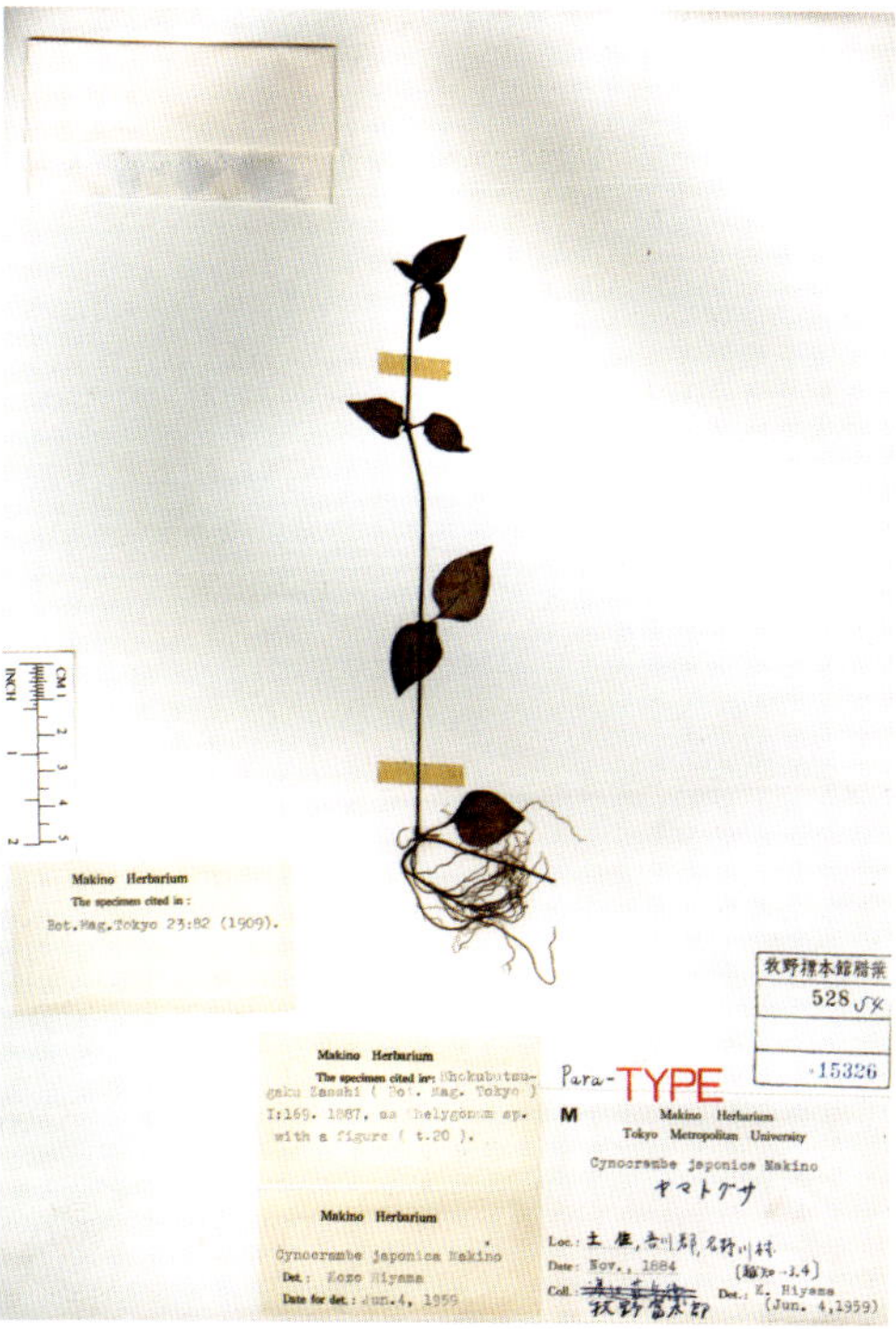

ヤマトグサ（ヤマトグサ科）
1884（明治17）年11月、土佐国吾川郡長坂村（現高知県吾川郡仁淀川町長坂）で採集した標本。1889（明治22）年、『植物学雑誌』に、新種「ヤマトグサ」として発表。

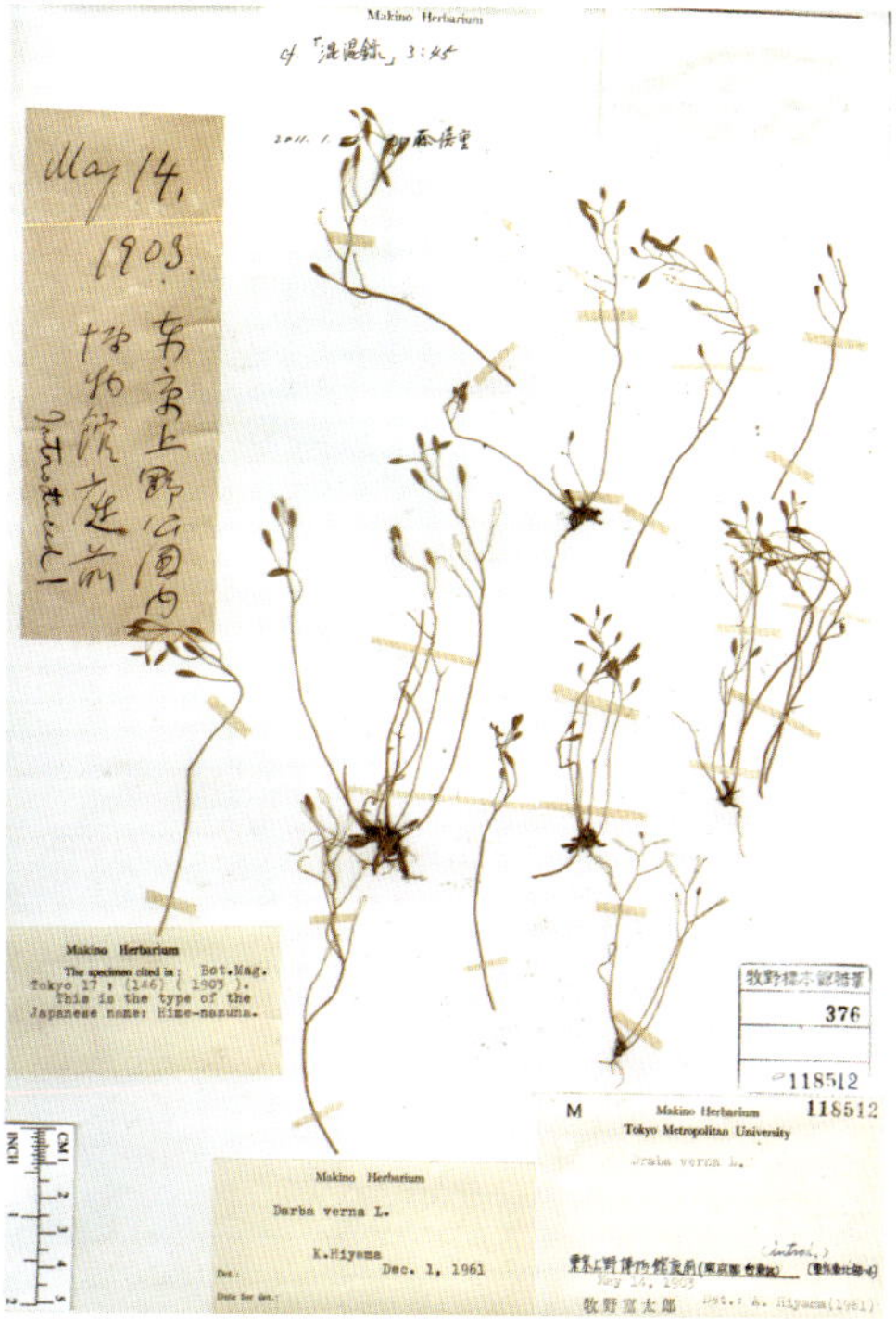

ヒメナズナ（アブラナ科）
左上に貼付されたラベルには、採集した日付「May 14, 1903」と場所「東京上野公園内博物館庭前」、「Introduced」（渡来）と記されている。牧野がヒメナズナという日本名を与えた。

66〜71頁の植物標本は首都大学東京牧野標本館所蔵および写真提供。

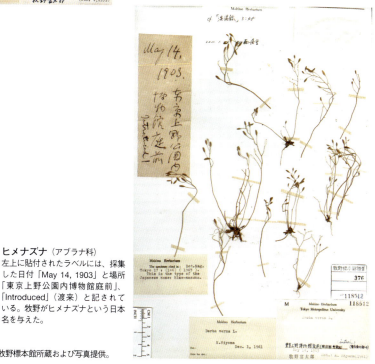

マンサクは、日本に唯だ一種のみでは無く、尚ほ、別に三四種も在る、例へばアテツマンサク、キンクヮマンサク、ニシキマンサク、アカバナマンサク、マルバマンサクなどが、其れで在る、日本は、仲々に、マンサクの種類に富んだ国で在る。

アカバナマンサク（マンサク科）
1913（大正2）年3月7日、東京で採集。

アテツマンサク（マンサク科）
1914年8月5日、備中阿哲新見付近黒髪山（現岡山県新見市黒髪山）で採集。

「その大きな褐色の、曲った莢《さや》で、馬の体の毛を洗うに用いられている。サイカチの名は、西海子よりきたものである。」

サイカチ（マメ科）
1909（明治42）年11月、東京都板橋区志村で採集。

「土佐［高知県］の特産です。南に太平洋を控えた土佐には、他国にない珍しい植物が生え、これは誠に土佐の誇りと言ってよい。（中略）葉の大なるもの長さ十七センチメートル、幅七センチメートルを算する。」

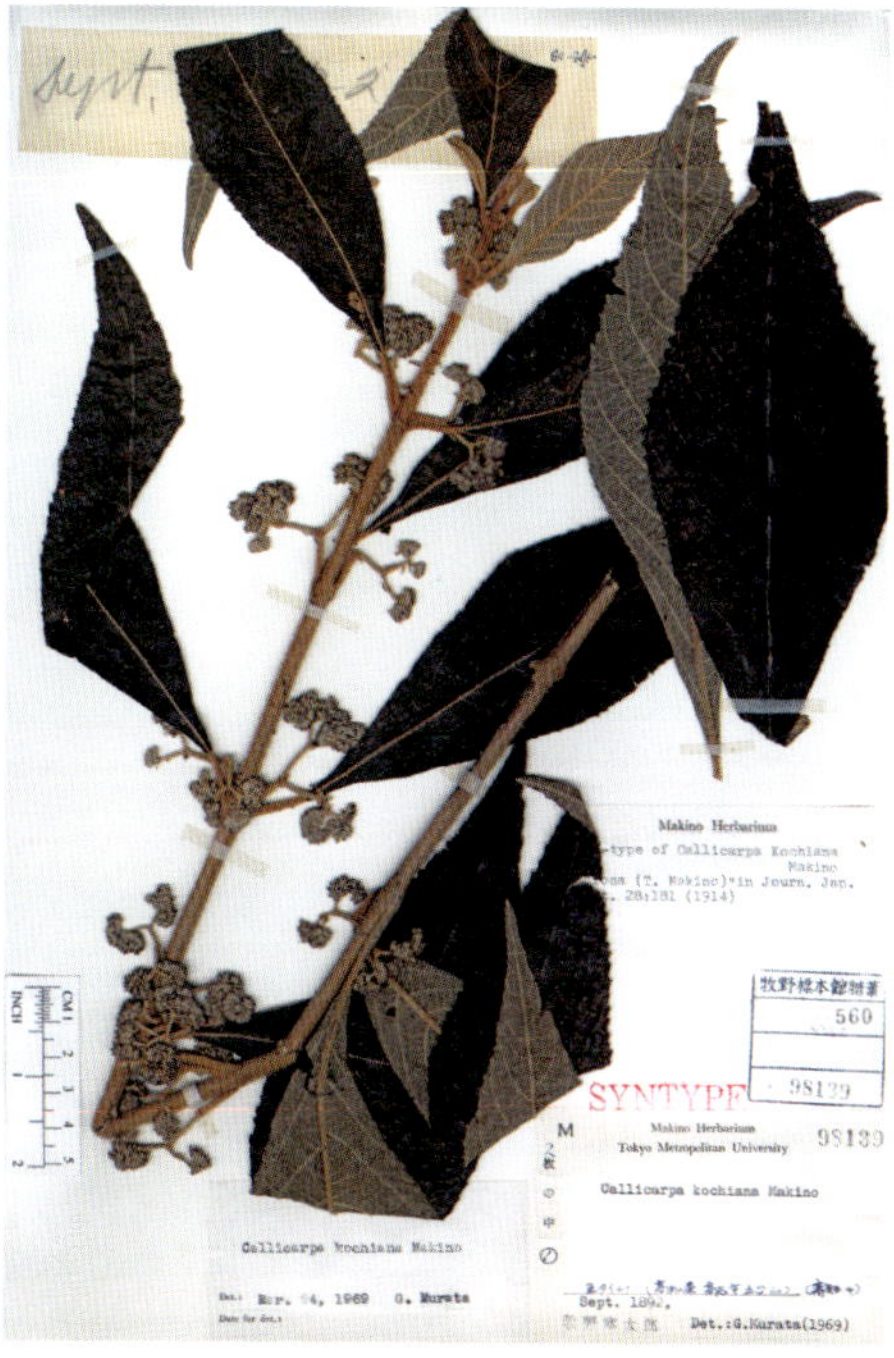

ビロードムラサキ（クマツヅラ科）
1892（明治25）年9月、高知県高知市五台山で採集。

此植物は九州北部の筑前の国の海浜地に生じて居り、先年私が発見して、其学名をAsparagus kiusianus Makinoと附けた者で在る、全体の蔓は其質が堅く、其葉は短かく、実は赤い、そして、此種は、絶えて外には見附から無い。

ハマタマボウキ（ユリ科）
1907（明治40）年、筑前福岡海濱砂場（福岡県福岡市）で採集。

フヨウの変り品に酔芙蓉《すいふよう》というものがある。その花は始めは淡紅色だが、終りには赤色となって凋《しぼ》むのである。これは野生してはいなく、ただたまに人家の庭に植えられてあるに過ぎない。先年私は日向［宮崎県］の宮崎市の郊外の一軒家の庭に、これが一本あってよく成長し、盛んに開花していたので、そこでその家人に乞うて花枝を貰い、これを採集胴乱に入れ、その夕刻それを鹿児島の旅館で蓋《ふた》を明けて見たら、その花が皆赤変していたことがあった。

スイフヨウ（アオイ科）
1932（昭和7）年、日向（宮崎県）で採集。

ヤマブキは、通俗に山吹と書くが、その訳は、私の考えるところでは、多分その嫋々《じょうじょう》たる「しなやかな」長い枝が、しはんで「しなって」それに顕著な黄花が聯着《れんちゃく》しているところへ、山風が吹いてきて、その花が動揺するので、それで、山吹であろうと想像している。（中略）、罕《ま》れにその花が菊咲きになって咲くものがあって、これをキクザキヤマブキと称える。

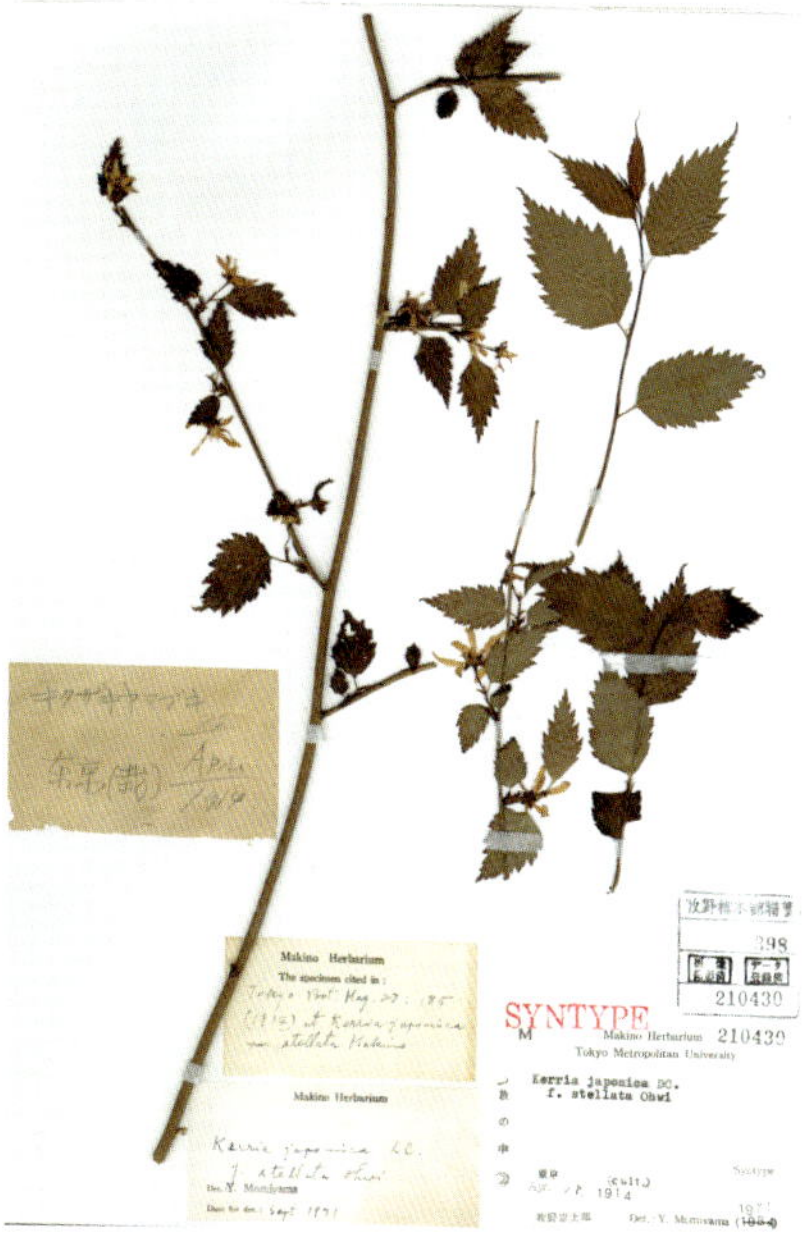

キクザキヤマブキ（バラ科）
1914（大正3）年4月18日、東京で採集。

春、未だ、葉の伸び無い内に、紫花が枝に満ちて咲く、私は子供の時分に、此れ等のツツジの花を採りに行くのが、最も楽しく、山を見渡して見ると、褐色を帯びた、小藪の樹の間に、其処、此処と、其の花が発いて居つたのは誠に、印象的で在つた。

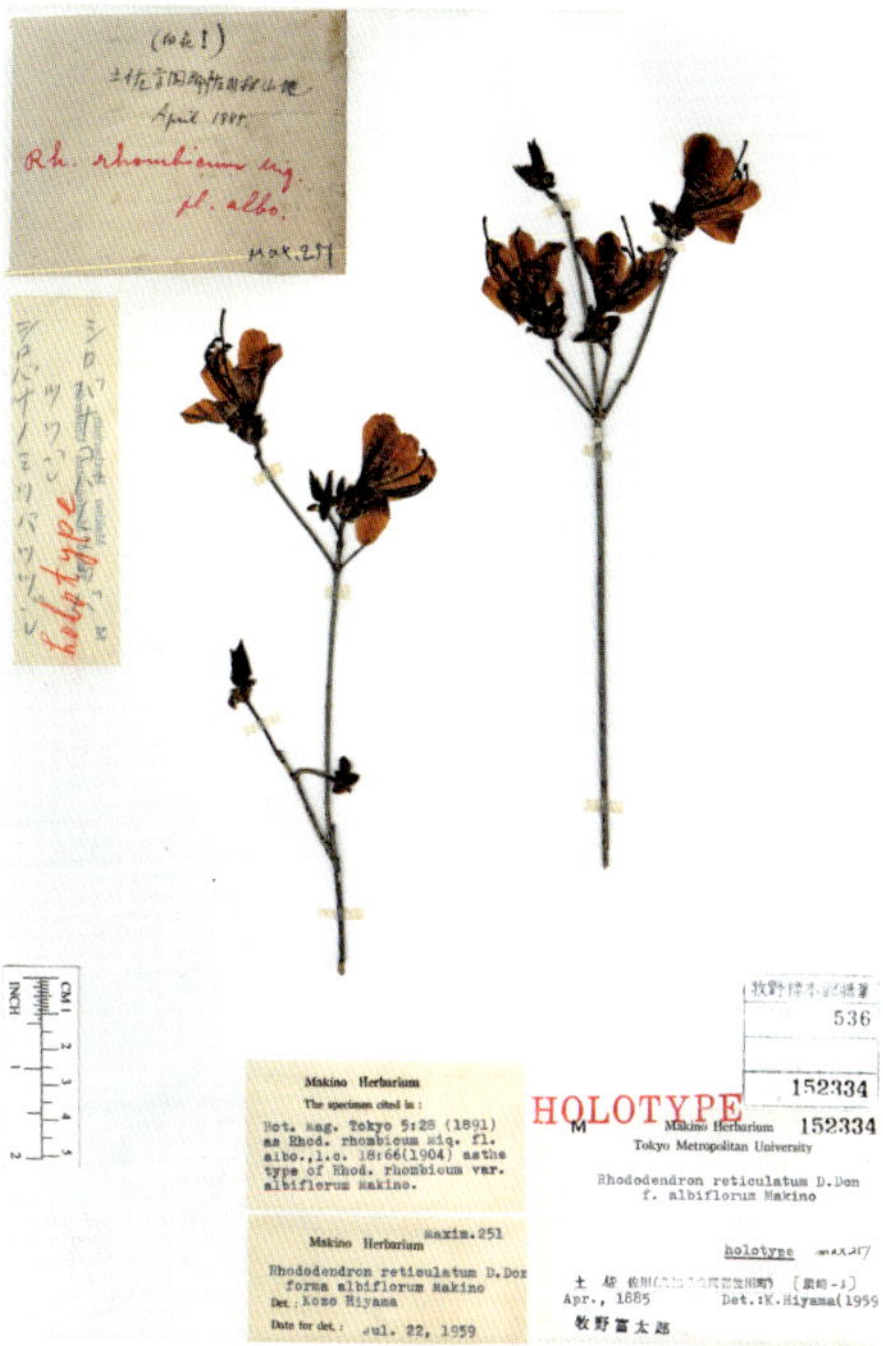

コバノミツバツツジ（ツツジ科）
1885（明治18）年4月、高知の佐川町で採集。

「牧野新聞」——植物標本の副産物

1

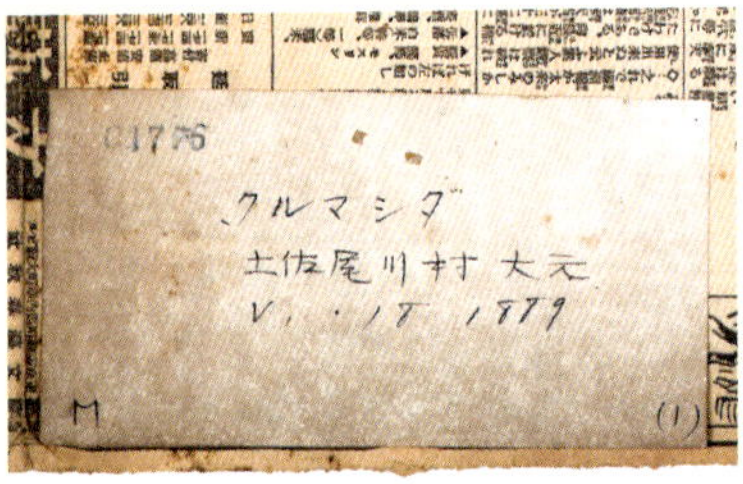

2

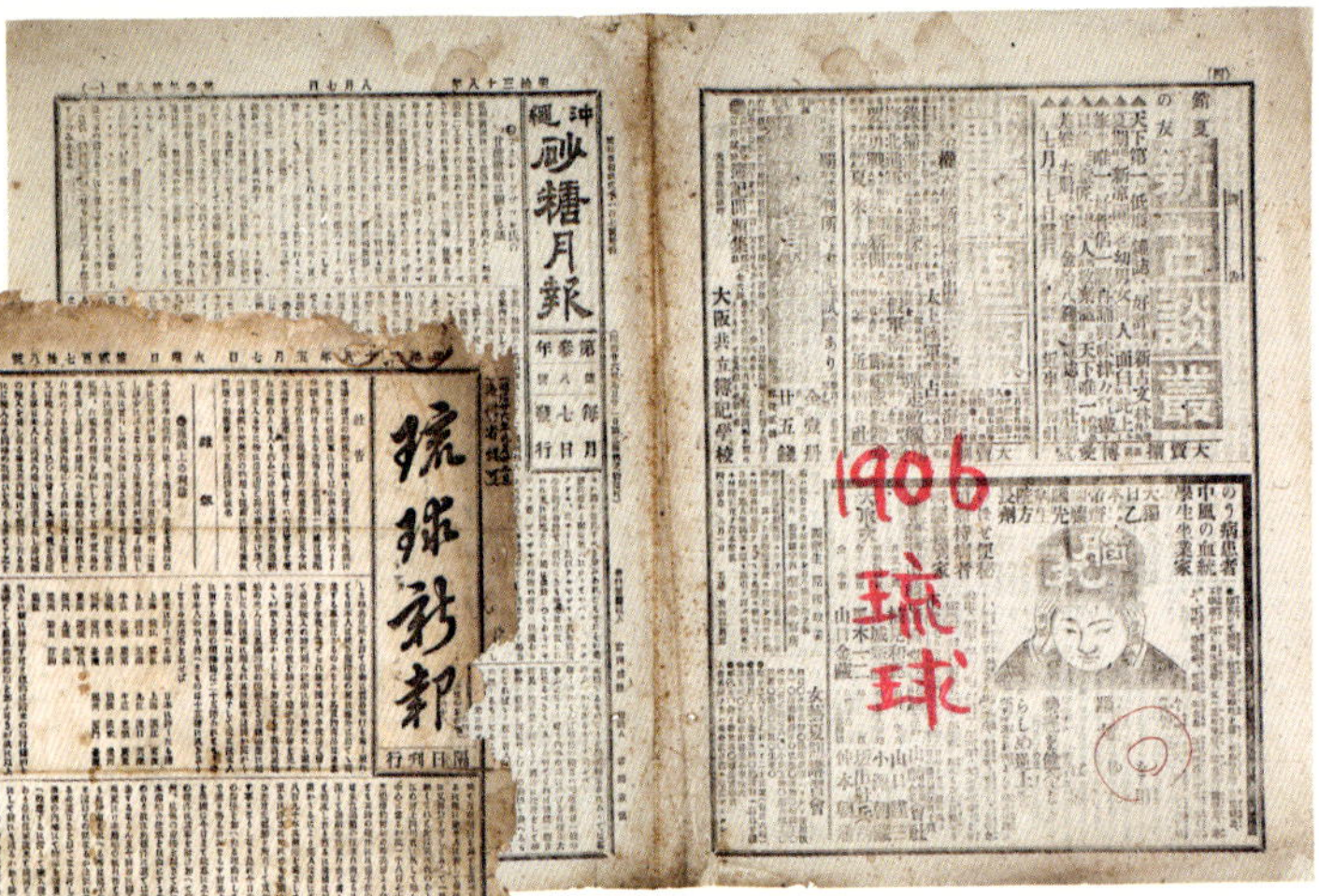

3

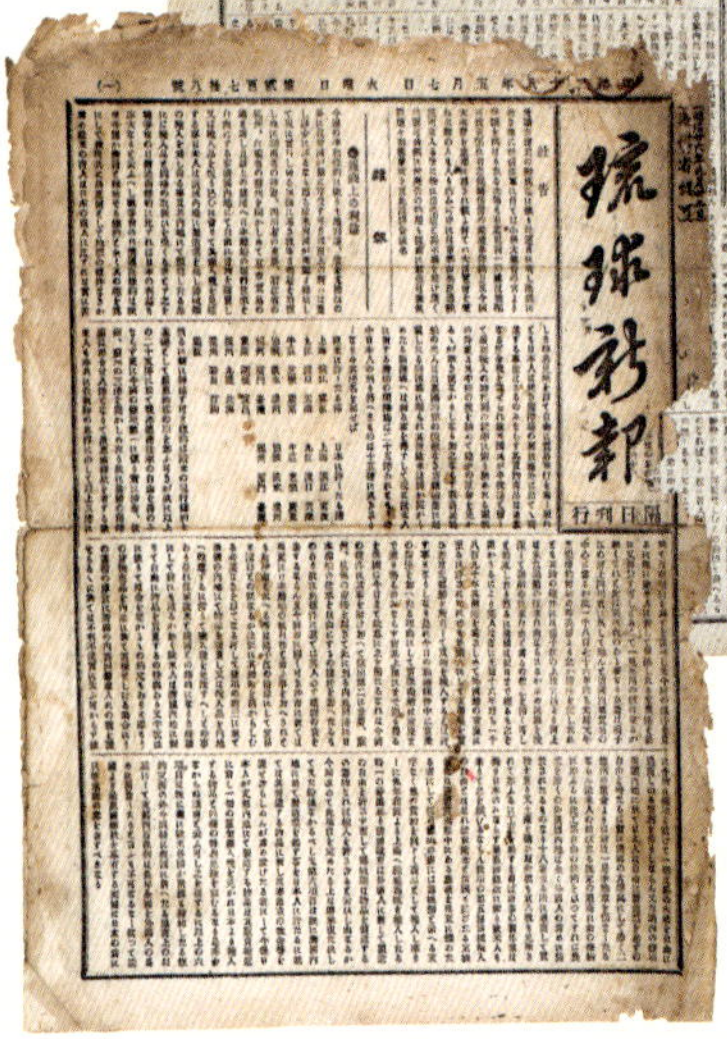

4

東京大学法学部の明治新聞雑誌文庫には、「牧野新聞」というコレクションがある。

牧野没後、東京都立大学（現首都大学東京）牧野標本館で標本の整理が進められていた際、明治文庫が、標本が取り出された後の新聞を譲り受けたもので、総数約五千枚、タイトル五百十七種。樺太から北海道、沖縄、中国、台湾、朝鮮、アメリカなど発行が諸地域にわたり、現存しない珍しい地方紙が多く含まれている。なかには戦禍でほとんどを焼失した、戦前の沖縄（琉球）の新聞もある。

牧野の標本用としての役目を終えた新聞紙が、資料として別の価値を持ち、その名を冠して、活用されている。

ここでは、沖縄と樺太の新聞、そして中国の新聞からは〝標本時代〟の名残を留めている紙面を紹介。

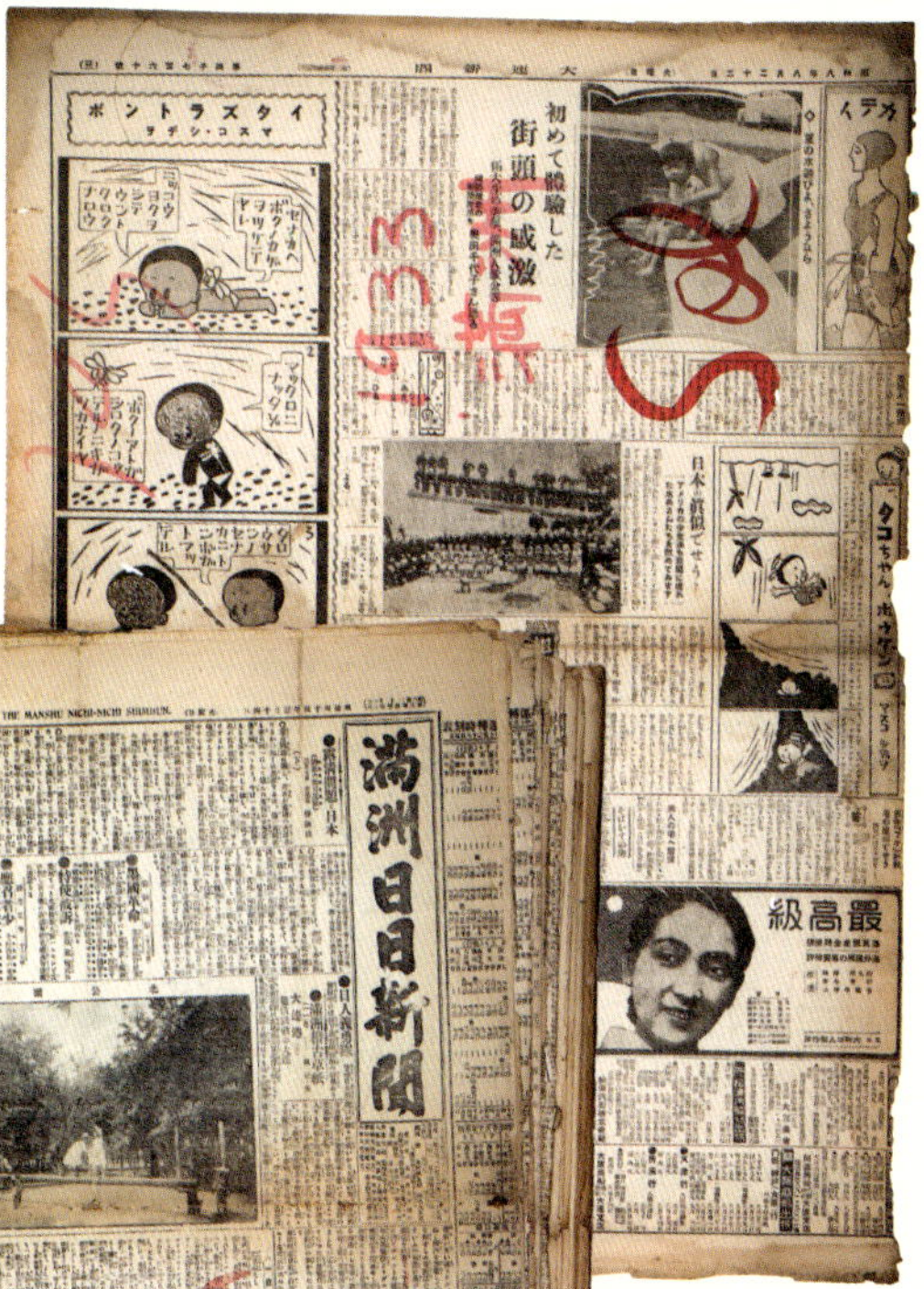

8

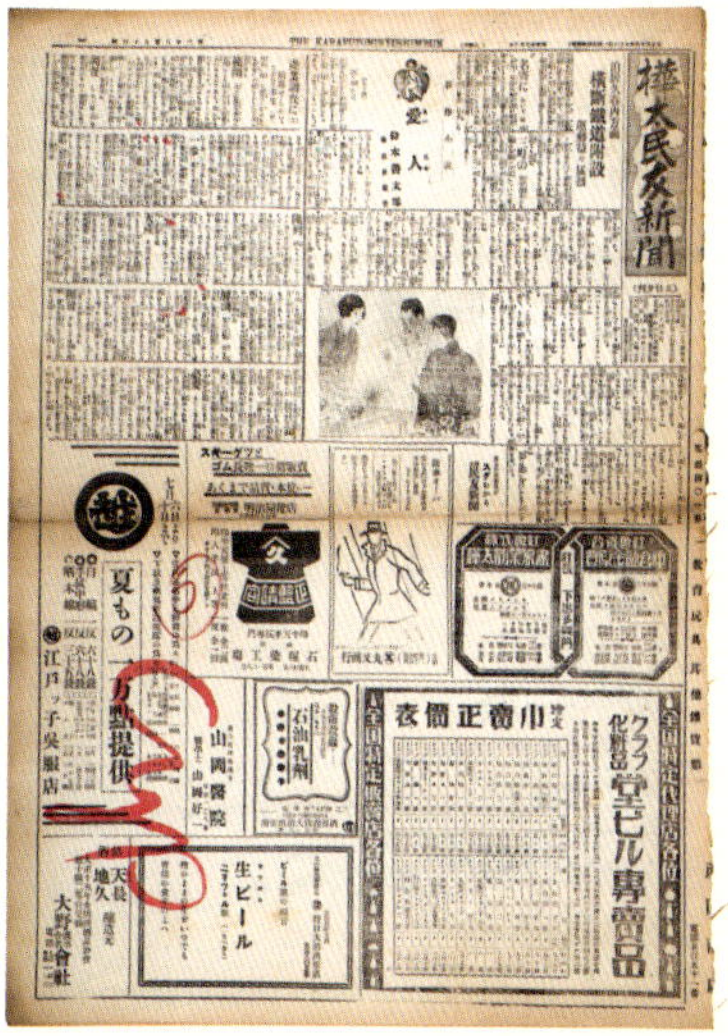

5

9

6

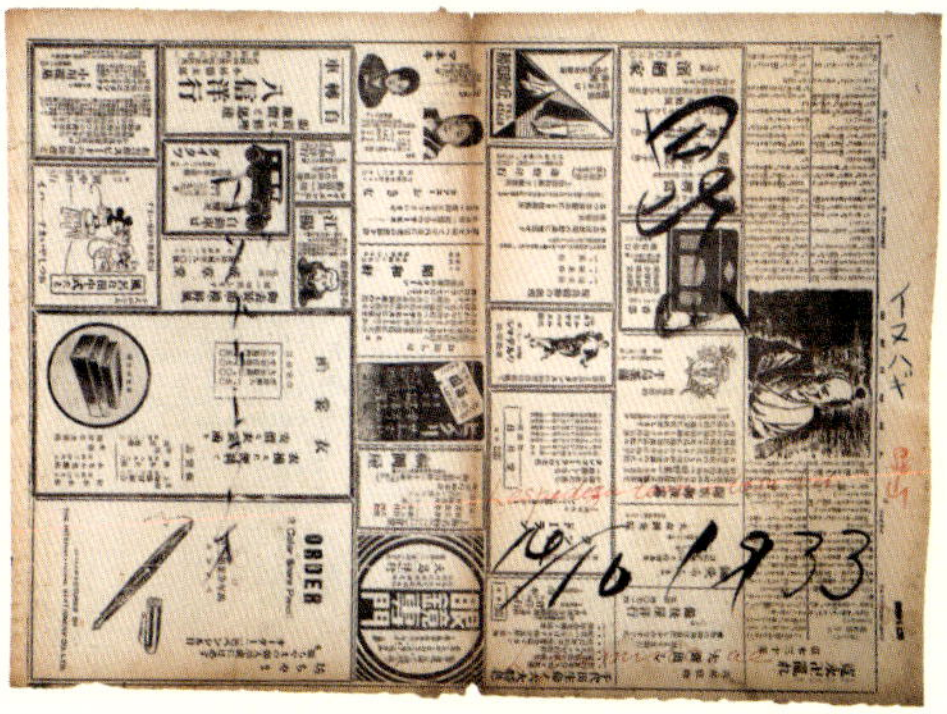

7

1「安東時事新報」（昭和3年、中国安東県発行）には“ハシゴシダ 土佐横倉山 1887”の札が貼付され、採集の名残を留めている。
2 昭和9年4月11日付「大連新聞」には“クルマシダ 土佐尾川村大元 V, 18 1889”の札。1889年の牧野の行動録によれば、5月18日、同所で採集。
3 明治38年8月7日付「沖縄砂糖月報」
4 明治38年5月7日付「琉球新報」
5 昭和2年7月6日付「樺太民友新聞」
6 昭和15年12月10日「大連日日新聞」、“Populus”（ポプラ）の朱筆が残る。
7 昭和8年4月28日付「上海毎日新聞」
8 昭和8年8月22日付「大連新聞」、“1933 満洲Sol”。
9 明治44年3月14日付「満洲日日新聞」には“1914 羽前月山”の朱筆など。
すべて東京大学法学部附属明治新聞雑誌文庫所蔵

書籍ノ博覧ヲ要ス ～蔵書「牧野文庫」から～

The Bibliotheca of Makino

「植学ヲ以テ鳴ラント欲スルモノハ財ヲ吝《おし》ム者ノ能ク為ス所ニアラザルナリ」との若き日の心得を生涯にわたって実践し、和漢洋の四万五千冊にも及ぶ書籍を私財を投じて蒐集（現在は高知県立牧野植物園に収蔵）、一大コレクション「牧野文庫」を形成した。

書ハ以テ読マザル可ラズ
書ヲ読マザル者ハ一モ通ズル所ナキ也
雖然其説ク所必ズシモ
正トスルニ足ラザルナリ

明の李時珍が著わした薬草研究の大著『本草綱目（ほんぞうこうもく）』諸版23部。江戸期の本草学のバイブルと称される。中国で刊行された第2版の〈江西本〉や貝原益軒校注の〈貝原本〉をはじめ、貴重な版を揃え、「牧野文庫」における和漢の本草書の充実ぶりを物語る。*

幕末明治初期の英語辞書類。『改正増補英和対訳袖珍辞書』（慶応3年刊）をはじめ、時代時代の辞書を揃えている。
74〜80頁の「牧野文庫」コレクションは高知県立牧野植物園所蔵・写真提供。

『植学啓原訳文』
宇田川榕菴原著 牧野富太郎訳（自筆）／1878（明治11）年写
牧野が16歳の時に漢文から書き下し文にして写したもの。*

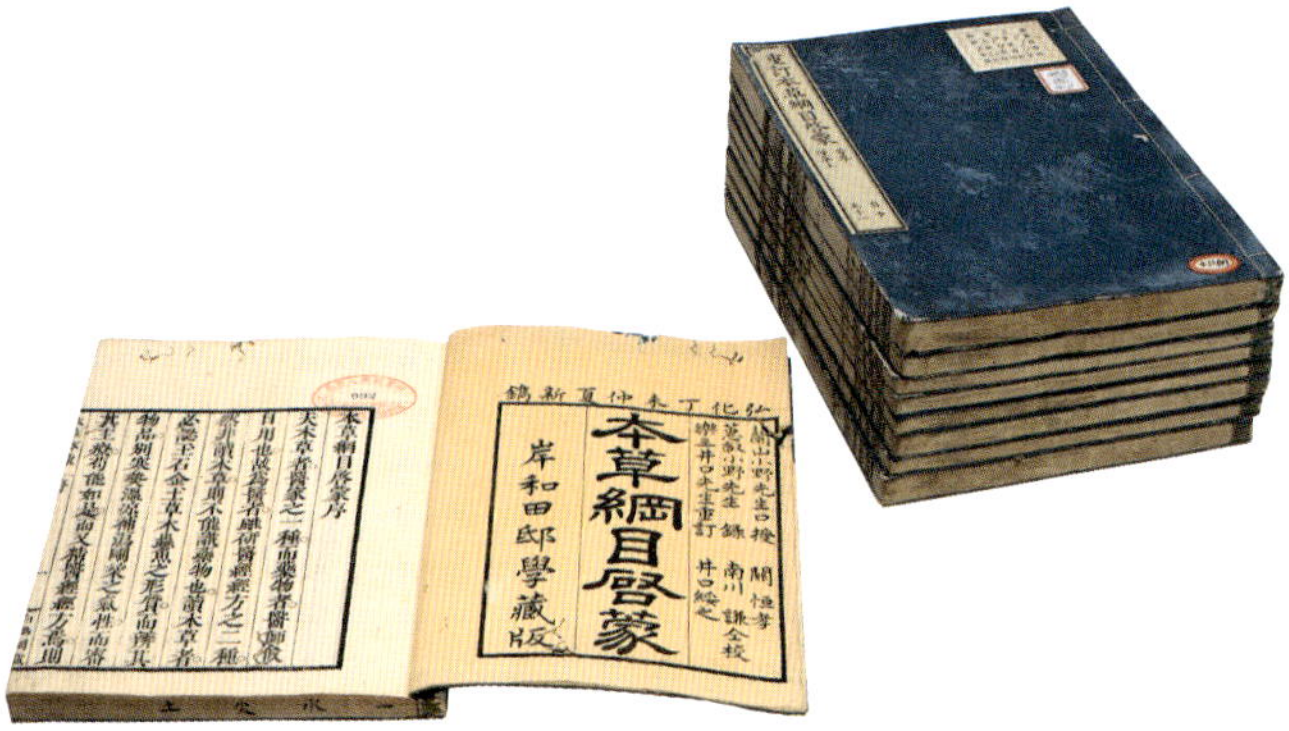

『重訂本草綱目啓蒙』
小野蘭山口授 小野職孝録 井口楽三訂／1847（弘化4）年刊／大坂 岸和田邸学白鶴園版
少年時代の牧野にとって座右の書。*

明治十三年頃、佐川に西村尚貞という医者がいて、私はよくその家に遊びに行ったものだが、医者なので色々のことを知っていた。この医者の家に小野蘭山の『本草綱目啓蒙』の写本が数冊あって色々の植物が載っていた。私はそれを借りて写したが、余り手数がかかるし、欠本もあるかもしれんのでこの本が買いたくなった。（中略）

その時分私はよく友人と裏山に行って遊んでいたが、ある時、山で遊んでいると、私の親友だった堀見克礼《かつひろ》という男が駈けつけて「重訂啓蒙という本がきたぞ」と知らせてくれた。私は慌てて山を駈下り頼んだ人の店へ駈けつけた。

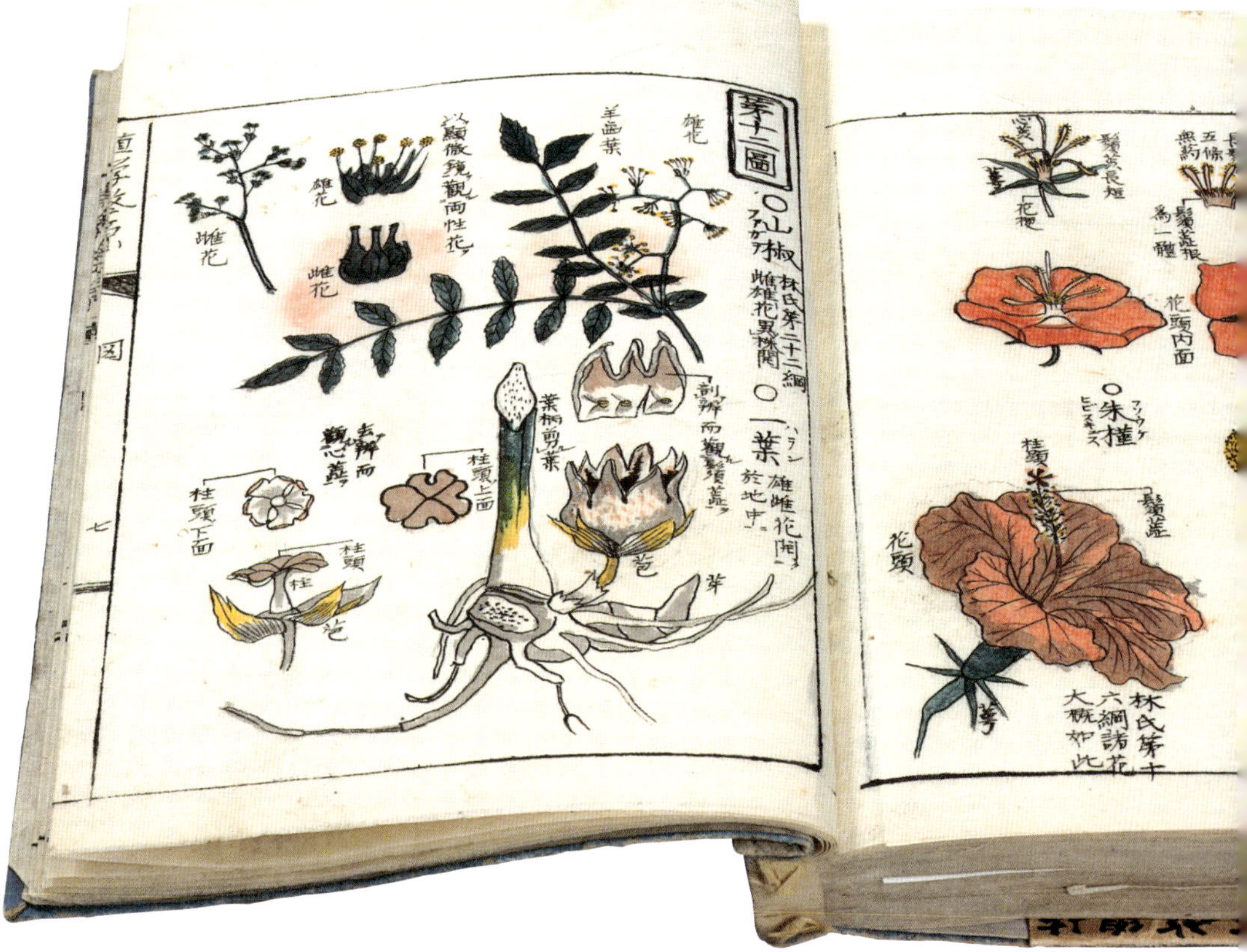

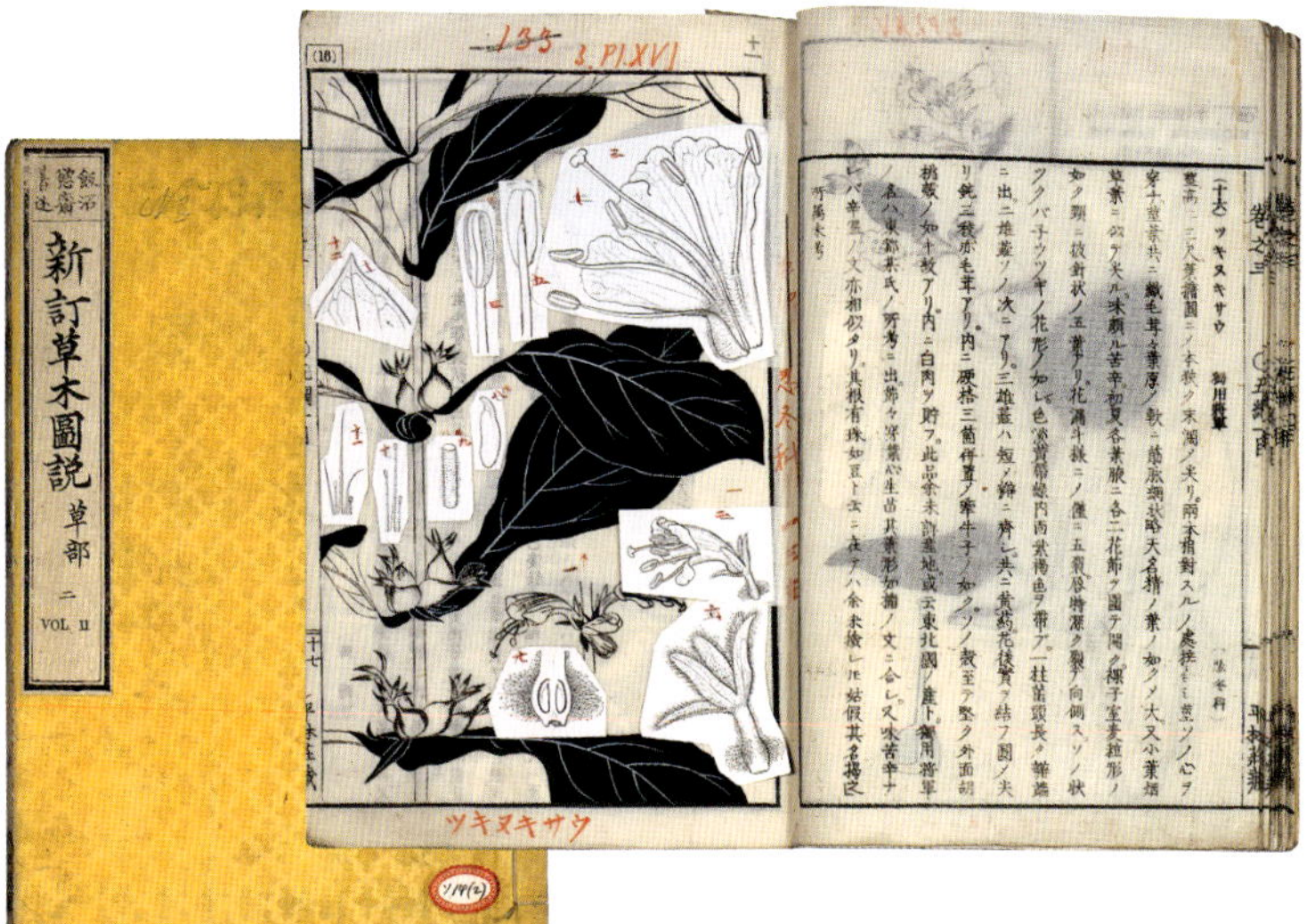

『新訂草木図説』
飯沼慾斎著 田中芳男・小野職愨増訂／1875（明治8）年刊／大垣 平林荘飯沼龍夫版
牧野によって追加された部分図や解剖図が貼付されている。牧野富太郎再訂増訂『増訂草木図説』（1907～13年刊）の底本。*

海外の植物図譜

「古い和蘭の植物学書にシーボルト等の手によって輸出された日本の植物の記事が載っていたりするのは大変懐かしいものだ。」

オランダの植物学書。蔵書中、牧野がとりわけ愛した書物である。*

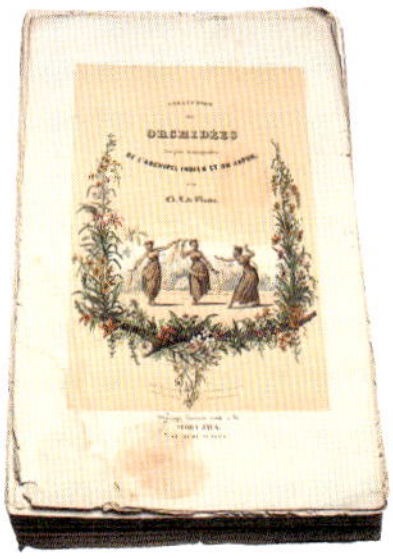

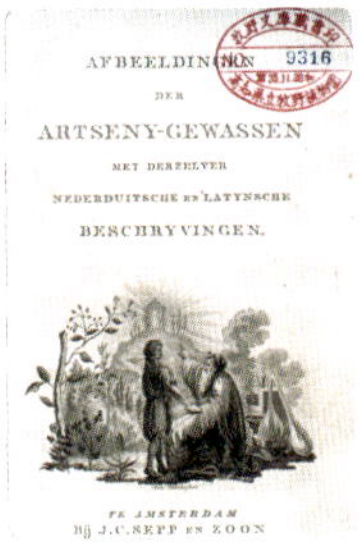

右：Afbeeldingen der artseny-gewassen met derzelver Nederduitsche en Latynsche beschryvingen（薬用植物図譜）
D. L. Oskamp等編／1796〜1800年 アムステルダム刊
「愛蔵のものとしては、Oskampの」と名指しでこの書を挙げている。*

左：Collection des Orchidées les plus remarquables de l'archipel indien et du Japon（インド諸島と日本のラン逸品集）
CH. L. De Blume著／1858年 アムステルダム刊
日本の植物にも多くの学名をつけたブルーメによるラン図譜。*

Botanical Magazine ; or, flower garden displayed（ボタニカル・マガジン）
1830年 ロンドン刊
カーティスが創刊（1787年）した由緒ある植物雑誌。*

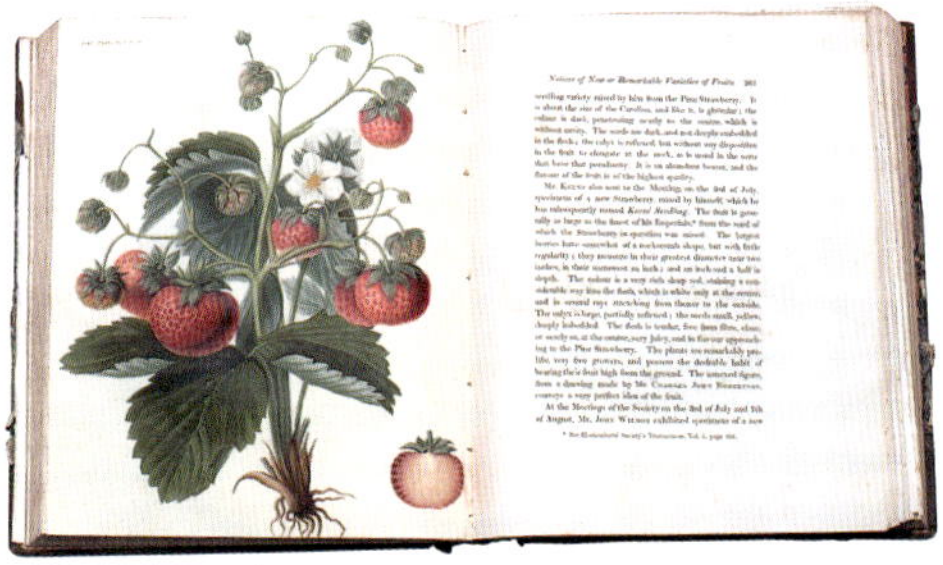

Transactions of the Horticultural Society of London（ロンドン園芸協会報告書）
ロンドン園芸協会編著／1805〜48年 ロンドン刊
銅版手彩色による挿図。*

Linnaeus's System of Botany（リンネの体系による植物学）
W. Curtis著 J. Sowerby画／1777年 ロンドン刊
植物学者リンネ（1707～78）により分類された自然体系について、ボタニカル・マガジンの創始者カーティス（1746～99）が解説。*

蒲桃図《ほとう》
桂川甫賢原図／銅版彩色／1葉／版面32.4×24.8㎝
フトモモ（フトモモ科）の図譜である。台紙に見られる書き込みは牧野による。*

makino history

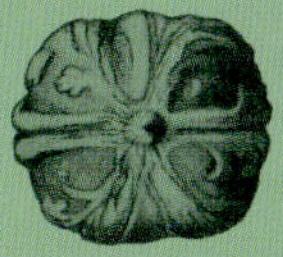

4

牧野式評伝 木篇

——暮らしや、晩年のことなど

牧野画ゴンロククルミ（部分）*

石版屋がとりもつ

——初恋物語

一八八八(明治二十一)年、二十六歳、壽衛《すえ》と東京根岸に所帯を持つ。郷里の生家は傾き、結婚生活は経済的苦難の始まりでもあった。十三人の子供が次々と生まれる牧野家を妻の尽力が支え、研究者としての道を突き進む。壽衛は東大泉の「雑木林のまん中に小さな一軒家を建て」ることを計画し実現させる。植物園をつくることも望んでいたが、東大泉に転居した翌々年の一九二八(昭和三)年、病没。妻亡き後、終生、妻が愛した地で暮らす。

東京は飯田町の小川小路の道すじに、小沢という小さな菓子屋があった。明治二十一年頃のことで、その頃私は、麹町三番町の若藤宗則という、同郷人の家の二階を借りて住んでいた。私は、この下宿から人力車に乗って九段の坂を下り、今川小路を通って本郷の植物学教室へ通っていた。そのとき、いつもこの菓子屋の前を通った。この小さな菓子屋の店先に、ときどき美しい娘が坐っていた。私は、酒も、煙草も飲まないが、菓子は大好物であった。そこで、自然と菓子屋が目についた。そして、この美しい娘を見そめてしまった。(中略)

その頃、私は神田錦町の石版屋に通って、石版印刷の技術を習っていたが、この石版屋の主人の太田という男に頼みこんで、娘を口説いてもらうことにした。(中略)

石版屋の主人の努力によって、この縁談はすらすらとはこび、私たちは結婚した。

若き日の富太郎と、妻・壽衛（旧姓小澤）。高知県立牧野植物園所蔵・写真提供

家守りし妻の恵みやわが学び
世の中のあらん限りやスヱコ笹

牧野の妻、壽衛。1928（昭和3）年2月23日、病没。享年54。高知県立牧野植物園所蔵・写真提供

私が終生植物の研究に身を委ねることの出来たのは何といっても、亡妻寿衛子のお蔭が多分にあり、彼女のこの大きな激励と内助がなかったら、私は困難な生活の上で行き詰って仕舞ったか、あるいは止むを得ず商売換えでもしていたかも知れませんが、今日思い返して見てもよくもあんな貧乏生活の中で専ら植物にのみ熱中して研究が出来たものだと、われながら不思議になることがあります。それほど妻は私に尽してくれたのです。

寿衛子は平常、私のことを〝まるで道楽息子を一人抱えているようだ〟とよく冗談にいっていましたが、それはほんとうに内心そう思っていたのでしょう。

かつての牧野家の庭（現練馬区立牧野記念庭園）には、牧野の胸像に寄り添うようにスエコザサが生息している。写真提供＝BAM

「妻が重態の時、仙台からもってきた笹に新種があったので、私はこれに「すえこざさ」と命名し、「ササ・スエコヤナ」なる学名を附して発表し、その名は永久に残ることとなった。この笹は、他の笹とはかなり異なるものである。私は「すえこざさ」を妻の墓に植えてやろうと思い、庭に移植して置いたが、それが今ではよく繁茂している。」

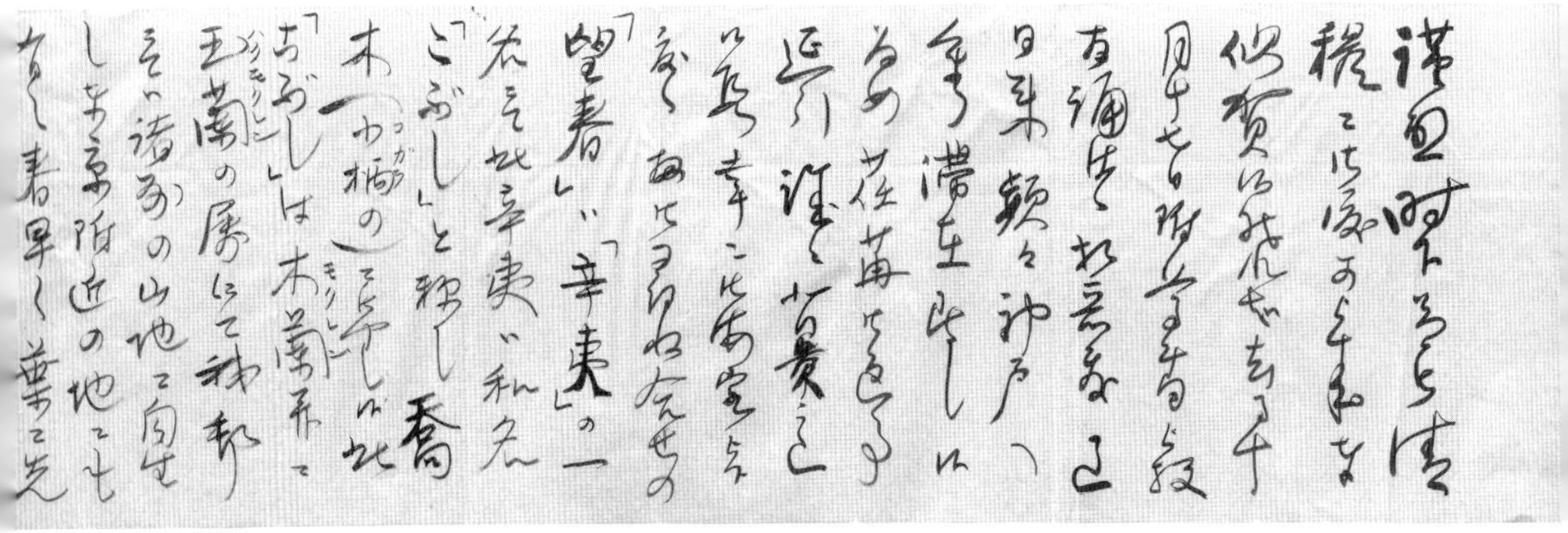

春早く葉に先だちて可なり大なる白花を

——コブシについての手紙

謹啓　時下益御清穆に御渡可被成《おわたりならるべく》奉欣賀《きんがたてまつり》候。然《しか》れば去る十月十七日附尊書被投《とうぜられ》拝誦 仕《つかまつり》候。折悪敷《あしく》過日来頻々《ひんぴん》神戸へ参り滞在致し候為め、荏苒《じんぜん》御返事延引誠に背貴意《きいにそむき》候段幸に御海容被下《くだされ》度《たく》候。

扨《さて》御尋ね合せの「望春」は「辛夷」の一名にて此辛夷は和名「こぶし」と称し喬木（小柄《コガラ》の）に御坐候。

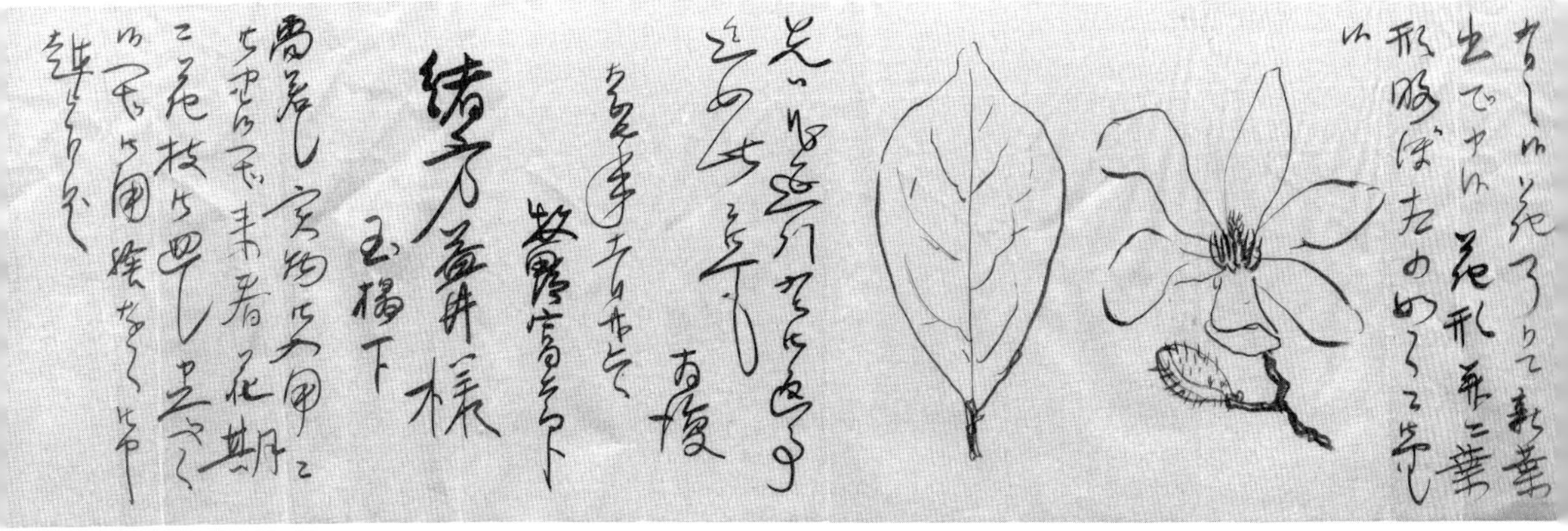

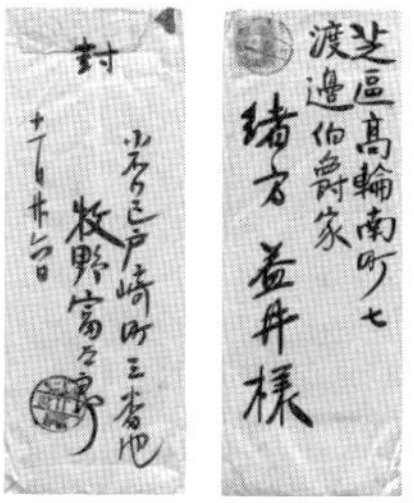

大正7（1918）年11月26日、渡辺千秋伯爵家に滞在中の緒方益井（おがた・ますい）へ宛てた牧野の書簡である。「辛夷（こぶし）」についての問い合わせに答えたもので、実物の花が入用ならば来春花が咲いたときに送ると末尾に添える。緒方は奈良帝室博物館学芸員などを務めた人物。
書簡画像および翻刻は国立国会図書館DBより

此「こぶし」は木蘭《モクレン》幷《ならびに》玉蘭《ハクモクレン》の属にて我邦にては諸州の山地に自生し、東京附近の地にも有《これ》之《あり》。

春早く葉に先だちて可なり大なる白花を枝上に開き香気有之《これあり》候。

花了《おわ》りて新葉出で申候。

花形幷に葉形略ほぼ左の如くに御坐候。

先は乍延引《えんいんながら》右御返事迄如此《かくのごとく》に御坐候

拝復

大正七年十一月二十六日

牧野富太郎

緒方益井様

玉榻下《ぎょくとうか》

尚《なお》若《も》し実物御入用に御坐候へば、来春花期に花枝御廻し申上べく候へば、御用捨なく御申越《もうしこし》被下度《くだされたく》候。

「ユキワリイチゲとは、雪割一花の意である。（中略）これは本《も》と、土佐高岡郡佐川町、西谷、旧大塚邸の奥庭に繁殖していたものを、ズット以前私が東京の東大泉町の自庭に移し、繁殖させたものである。」

ユキワリイチゲ（キンポウゲ科）

「この草を植えておくと四時絶えず青々と繁殖し、連綿として絶えないので、それで芽《め》出《で》度《た》い草として、そこで富貴草と名ずけたものだ。また同じく目出たい名として吉祥草とも言っている。」

フッキソウ（ツゲ科）

ウバユリ（ユリ科）

「ウバユリとは、婆百合の意で、花の時は、既にその葉が、枯れて茎上にこれ無く、葉は頂に一、二の果実を残して立っている。即ち婆は、通常年が寄って、歯が抜けてないので、そう言われる。しかしこれを爺百合（ジジユリ）とは言わない。とにかく男は疎んぜられている。」

白梅の一抹が雪の如く一白に見えてソシテこの上も無く純潔に感ずるのは緑萼梅の林である。それは普通の梅の様に赤紫の萼色が雑らないので白は益々白く見える。

リョクガクバイ（バラ科）
がく片の色から和名「緑萼梅（りょくがくばい）」を牧野が命名。ウメの1品種。

やまざくらはいわゆる「朝日に匂う山桜花」と歌われしものでじつにわが国花中の王である。

センダイヤ（バラ科）92頁参照
ヤマザクラの栽培品種で、高知市内の仙台屋という、牧野が親しんだ店の庭にあったサクラに、牧野が命名。

88〜89、96〜97頁掲載の植物は、旧牧野家の庭（現練馬区立牧野記念庭園）にて写す。
写真提供＝BAM

なぜ世人は花を眺めるだけに止めておくだらうか。なぜ花を手折つて花瓶に挿すだけに止めておくだらうか。なぜ花を愛しても二三の種類に止めておくだらうか。なぜ美しい花のみを観賞して美しくない花を検しないだらうか。

草に坐し祈る牧野、神奈川県川崎市登戸にて、1941（昭和16）年4月27日。*

ボウブラ（この種類の学名を牧野がつけた）を前に、1939（昭和14）年、東大泉の自宅にて。*

杉の樹の間から“お化け”をする牧野、奈良県吉野町大和妹山にて、1940（昭和15）年。高知県立牧野植物園所蔵・写真提供（同90頁）

植物は人間がいなくても少しも構わずに生活するが、人間は植物が無くては生活の出来ぬ事である。そうすると、植物と人間とを比べると人間の方が植物より弱虫であるといえよう。つまり人間は植物に向こうてオジギをせねばならぬ立場にある。

花の雲で東京を埋めりゃよい

　東京の都はどうしても桜の花で埋めにゃいかん。春に花の咲いた時は市内どこへ行ってみても盛んに桜が咲いているようにせにゃならん。つまり花の雲で東京を埋めりゃよい。これからは自動車を走らせて花見をすることも流《は》行《や》るであろうし、また飛行機で上から瞰《み》下《お》ろして花見と洒落《しやれ》る人もあろう。さてこの飛行機で瞰下ろした時、下界は一面漠々たる花の雲で埋まり、家といえば高いビルヂングの頂とか議事堂の塔尖とか浅草観音の屋根とか、そんな高い建物の巓《いただき》こすが花の雲の中に突き立って見える程度に花が咲かねばウソである。（中略）

　このようになっていてこそ桜の国の名に恥じん桜の花の都となる。これならばヨーロッパの御方が見に来ようがアメリカの人がオ出でようがチットも

ソメイヨシノ（画面左）**とセンダイヤ**（同右）
開花時期はソメイヨシノのほうがわずかに早く、競うように牧野記念庭園で咲き誇る。青空を背景にして両樹が描くピンク色の濃淡は庭園の春の象徴。センダイヤは練馬の名木に指定されている。写真提供＝BAM

恥ずかしいことがない。が今日のようなな、そこにグゾグゾ、間を置いてここにグゾグゾくらいの貧弱さで桜の国の都でゴ座るなんて言えた義理のもんじゃない。恥ずかしくない自慢の花の都にするにはまだ距離が大分遠くて、マー一万光年の恒星を見るようなものだノー。（中略）

それからその植える桜は何でもよい。ソメイヨシノ結構、ヤマザクラ結構、里ザクラ結構、何でもかんでも桜の花で東京市を埋めさえすればことが足りる。しかし早くその目的を達するにはソメイヨシノが一番よいから、主としてこのサクラを植えたらよろしい。人によってはソメイヨシノを貶《けな》してヤマザクラでないといかんと言う連中があるけれども、それは場処によりけりで、東京市中は濃艶で桜色で雲のごとき花を開くソメイヨシノで充分である。ソメイヨシノは疑いもなく都会にふさわしい桜である。

戯曲「牧野富太郎」抄

作　池波正太郎

——これは、明治、大正、昭和を通じて、
三度の飯よりも好きな木や花や草を相手に学者としての情熱を
九十年も燃やしつづけ、日本植物学を世界的に高めた男の物語である。
彼は、女性の愛情に恵まれ、貧乏の苦しさや世俗の塵に
自分の仕事を埋もれされ得ない、楽天的で強情我慢な天性を身に受けて
この世に生れ出た幸福な男なのである。
世の人が奇人という、彼、牧野富太郎の九十余年の人生は——。

序幕
　東京、麹町三番町、牧野の下宿（明治二十三年五月）
第二幕
　一、小石川、白山《はくさん》前の牧野家（明治四十三年十二月）
　二、同（同じ日の夜）
　三、帝大、牧野教室（明治四十四年十一月）
大詰
　一、練馬、東大泉の牧野家（昭和二十八年三月）
　二、同（同年四月、或日の明け方）
　三、同（同じ日の午前）

◆

序幕

東京、麹町三番町にある若藤家の離れ（牧野富太郎の下宿）。

母屋と渡り廊下でつながった室内には書籍、植物標本、顕微鏡、標本用器具、原稿等が所狭いばかりに山積している。古風な置ランプがある。

新緑の燃えたつような植込みや樹木——その庭の小さ

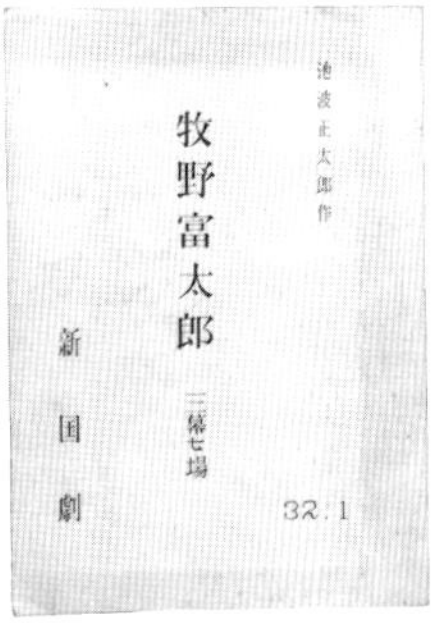

新国劇上演台本。
個人蔵

な池のまわりには採集した植物の鉢がギッシリと並べられ、離れの後ろから、板塀が裏木戸へつながっている。庭に銀杏《いちょう》の大木がある。

明治二十三年、五月上旬——よく晴れた日の昼すぎ。

牧野富太郎（二十九歳）が、後向きになり机にかじりつくようにして、顕微鏡で植物を調べている。部屋には昼飯の膳がまだふきんをかぶったままである。雲雀《ひばり》の声が、高く低く、空を縫って囀《さえず》っている。

◆

二幕目

第三場

東京、帝国大学の牧野教室（研究室）。

標本整理棚や本箱に囲まれ、牧野の大きな机。

整理棚や別の机の上には顕微鏡などの器械や、部厚い洋書、原稿、標本などが雑然と置かれてある。

応接用の小さなテーブルと椅子二脚。

校舎の廊下へ通ずる扉の右端にも標本棚の一隅がある。

部屋の左端に渡り廊下へ出られる扉。

渡り廊下の向うは中庭で、廊下は校舎に通じている。

銀杏の樹が黄色い葉をつけ、掲示板もある校庭には、秋の朝の陽ざしが暖かくひろがっている。

◆

大詰

第一場

東京、練馬区東大泉の、雑木林に囲まれた牧野家——。

牧野の寝室兼書斎と、縁側つづきの板張りのサン・ルーム（応接間）。

居間の正面奥は、書庫になって居り、カナリヤの籠が吊るされているサン・ルームは茶の間と玄関へ通じている。

雑草に埋もれた庭の端に〝牧野植物標本館——準備館〟と木札の打ちつけられた洋館風の標本館の入口が見える。

池波正太郎が、一九五七（昭和三十二）年、『大衆文藝』（新小説社）二月号に発表した戯曲（新国劇の上演脚本）より、冒頭と幕場面の描写を抜粋。表記は『完本池波正太郎大成 第三十巻』（講談社 二〇〇〇年）を参照した。

この種は多分ヒガンバナ（マンジュシャゲ）とショウキランとの間種ではないかと考えられる。

シロバナマンジュシャゲ（ヒガンバナ科）

『万葉集』にイチシという植物がある。私はこれをマンジュシャゲだと確信しているが、これは今までだれも説破《せつは》したことのない私の新説である。そしてその歌というのは、

路《みち》の辺《べ》の壱師《いちし》の花の灼然《いちしろ》く、人皆知りぬ我が恋妻を

である。右の歌の灼然《いちしろ》の語は、このマンジュシャゲの燃ゆるがごとき赤い花に対し、実によい形容である。

ヒガンバナ（ヒガンバナ科）

オオキツネノカミソリ（ヒガンバナ科）

キツネノカミソリよりは、微しく大形で、葉も、亦た闊い、而して花は、キツネノカミソリと同様だが、其横向けに成つて咲いて居る。

キツネノカミソリ（ヒガンバナ科）

キツネノカミソリ、それは面白い名である。狐も時には鬚でも剃っておめかしをするとみえる。それからこのコンコンサマが口から火を吹き出すこともあれば、また美女に化けて人を誑かすという段取りになるのだが舞台が違うからここでは省略だ。（中略）

さて狐の剃刀とはその狭長な葉の形に基づいた名だ。時とするとヒガンバナに対してもキツネノカミソリの名を呼んでいるところがある。（中略）

これらは花の咲くときは葉がなく、葉は花がすんだあとで出て春に枯れる。その後秋になるとまた忽然と花が出る。ゆえにヒガンバナに「葉見ず花見ず」の名がある。これはヒガンバナに限らず、キツネノカミソリでもナツズイセンなどでもこの属の植物はみな同じである。今これを星に喩えれば参商の二星が天空で相会わぬと同趣だ。

庭の草黄蝶白蝶飛び遊び

――俳句、川柳、「面白ろ記」

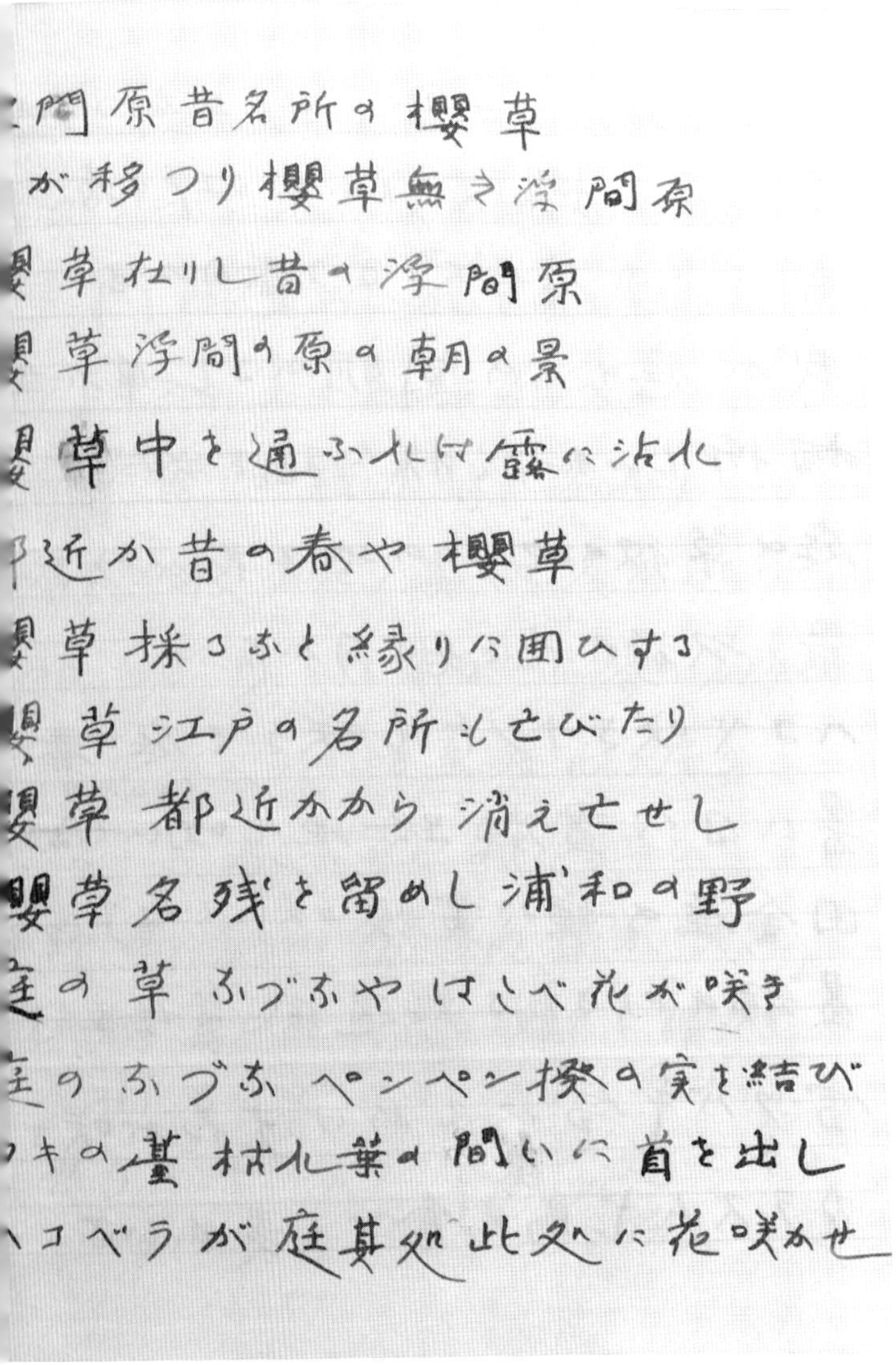
間原昔名所の櫻草
が移つり櫻草無き浮間原
櫻草在りし昔の浮間原
櫻草浮間の原の朝の景
櫻草中を通ふれば露に沾れ
近か昔の春や櫻草
櫻草江戸の名所もさびたり
櫻草都近かから消えさせし
櫻草名残を留めし浦和の野
庭の草ふづふやはこべ花が咲き
庭のふづふペンペン草の実を結び
キの薹枯れ葉の間いに首を出し
ハコベラが庭其処此処に花咲かせ

俳句、川柳、
面白ろ記

結網
植物俳句

植物に関する随筆で、しばしば句や歌を詠んでいる牧野。これは植物を題材にした俳句と川柳がびっしりと書き付けられたノート。個人蔵

以前何時《いつ》だったか、ある事がヒドク私の胸に衝動を与えた事がありました時、私は「草木の学問さらりと止めて歌でこの世を送りたい」と咏んだ事がありましたが、ヤッパリ好きな道は断念出来ませんので間も無くこれまでの平静な心に還り、それは幻のように消えて仕舞いました。

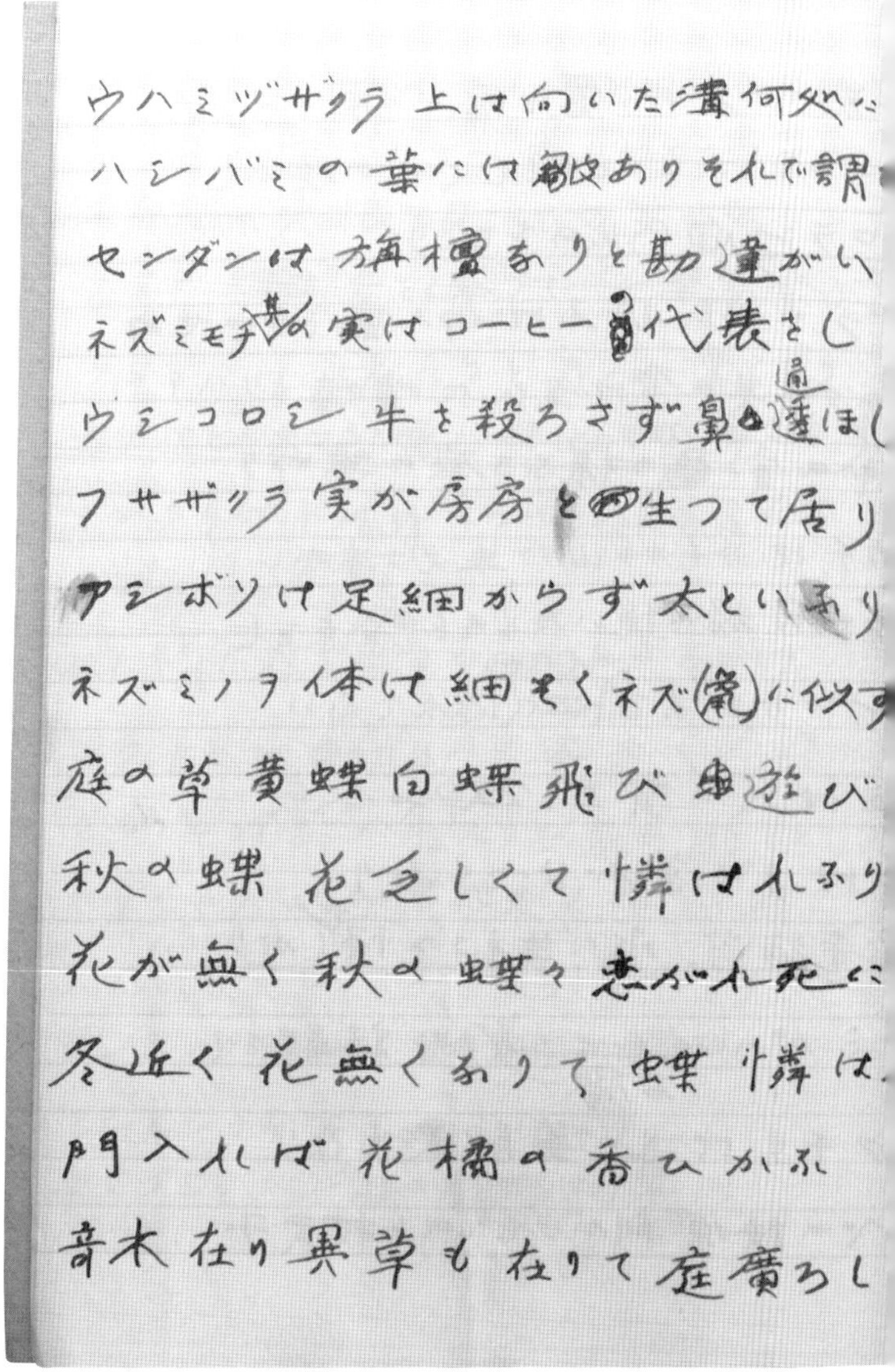
ウハミヅザクラ 上は向いた満何処に
ハシバミの葉には皺ありそれで謂
センダンは旃檀なりと勘違がい
ネズミモチの実はコーヒーの代表さし
ウシコロシ 牛を殺ろさず鼻通ほし
フサザクラ 実が房房と生つて居り
アミボリは足細からず太となり
ネズミノヲ 体は細そくネズ(鼠)に似す
庭の草 黄蝶白蝶飛び遊び
秋の蝶 花乏しくて憐はれなり
花が無く秋の蝶々急がれ死に
冬近く花無くなりて蝶憐は
門入れば花橘の香ひかふ
奇木在り異草も在りて庭廣ろし

植物採集行動記

「此日　農業試験場へ行キ
帰途染井ニテ
ハンクヮイソウ採集」

1914（大正3）年6月21日、神奈川の茅ヶ崎や平塚、大磯へと採集に赴く。同24日、染井にてハンカイソウを採集。その標本が現存する（次頁）が、日記帳には別の植物を挿んでいる。高知県立牧野植物園所蔵。写真提供＝暮しの手帖社

1914（大正3）年6月24日、牧野が染井（豊島区）にて採集したハンカイソウ（キク科）の標本。次頁の日記にはそのことが記されている。写真提供＝首都大学東京牧野標本館

牧野標本館
58
19798
Makino Herbarium 19798
Metropolitan University
Ligula a japonica (Thunb.) Le
8枚の中 1
東京 染井 (東京都豊島区) 〔東京西北部-2
June 24, 1914
牧野富太郎
Det.: G. Murata 19
Ligularia j (Thunb.)
Det.: G. Murata
Date for det.: Jan. 1981

東大泉の自庭で、1937（昭和12）年6月。写真提供＝毎日新聞社

わたしの庭には、ちょっとした雑木林があって武蔵野のおもかげをとどめていますが、わたしは林のまわりや、書斎のまえの小さなあき地を野草園にして、いろいろな草を植えこんでいます。中には、消えてなくなってしまうものもありますが、たいそうよくしげって、毎年目を楽しませてくれるものも少なくありません。

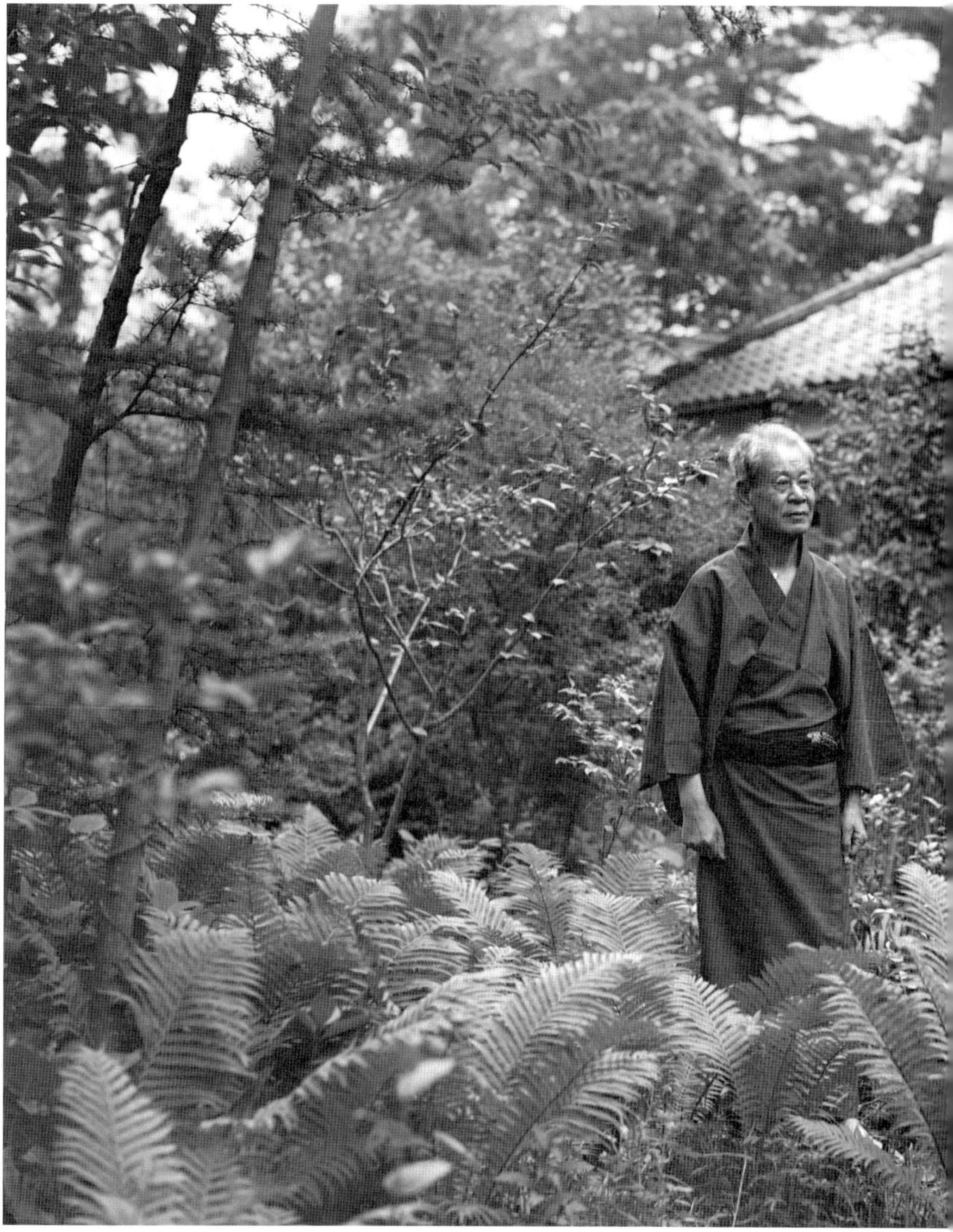

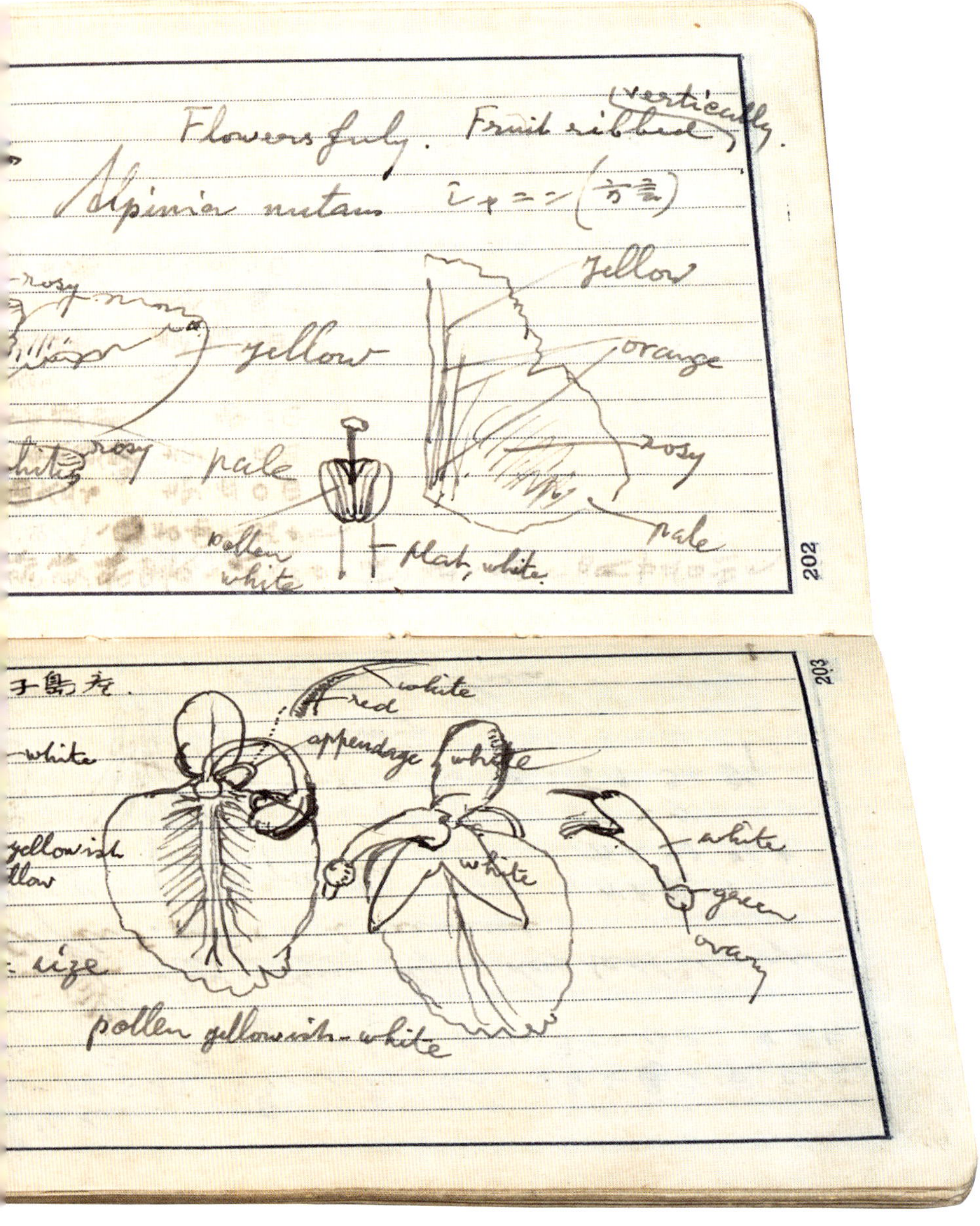
Flowers July. Fruit ribbed vertically.
Alpinia nutans
yellow
yellow
orange
rosy
pale
rosy
pale
pollen white
202
203
white
red
appendage
white
white
white
white
green
ovary
yellowish
size
pollen yellowish-white

植物採集に携行していた懐中日記２点。上は1931（昭和6）年の表紙。右は記載年不詳。植物観察図が精細に描き込まれている頁からは、色名「yellow」「orange」や、「クマタケラン」と記した文字が読みとれる。高知県立植物園所蔵・写真提供

クマタケランは、多分、熊竹蘭で、在つて、熊は、其草状の、勇壮なるを意味した者で在る、此者は、暖地に栽えて在るのみで在る、多分、嘉永、安政頃の渡来で在らうが、併かし、其原産地は、不明で在る、そして、其れが、早くも、飯沼慾斎著の『草木図説』にも出て居り、其学名を、Alpinia Kumatake Makino と謂われる、小野蘭山は、之れを、高良美に充たが、固より、誤りで在つた。右の、クマタケランに似て、其草状も壮大、花も派手やかな者は、台湾で見られる、月桃（Alpinia speciosa K. Shumann）で在る。

何時《いつ》までも生きて仕事にいそしまん
また生まれ来ぬこの世なりせば

「わが姿たとえ翁と見ゆるとも
心はいつも花の真盛り」

「朝夕に草木を吾れの友とせば
こころ淋しき折節もなし」

写真はいずれも晩年（90歳頃）、東京大泉の自宅にて、植物研究や標本整理など仕事に勤しむ牧野。高知県立牧野植物園所蔵・写真提供

庭の草木の中に生き
——晩年の牧野

田中純子

書屋外観と、飾り棚点景。
撮影協力＝練馬区

子どもの頃から植物に親しみ、二十代に志を立てて植物分類学一筋に突き進んだ牧野は、後半生、著述や採集会における講話を通じて、一般の人に植物を趣味として楽しむよう勧め、植物に関する知識を伝えることに尽力した。そうした著作のつに、「植物と人生」というタイトルで、雑誌『青年太陽』（第二年第十号、一九三六年十月）に寄稿したものがある。「植物に感謝せよ」「長生の意義」「植物と宗教」「工業等への利用」の四部からなるこの著作で、牧野は植物と人間の関わりを説き、そこから植物との長い付き合いのなかで築かれた牧野の信念を知ることが出来る。

　はじめの「植物に感謝せよ」では、我々の衣食住という日常生活を支えてくれているのは植物であり、植物に感謝の真心を捧げるべきであると述

牧野の終の住処となった書屋は牧野記念庭園内に展示保存され、在りし日の姿を偲ばせる。撮影協力＝練馬区

べる。「長生の意義」では、人間の系統を絶やさないようにするため、かつ長く生きて人間として生まれた責任を果たすために、長生きする意義があると言う。また、「植物と宗教」では、「草木に愛を持つことによって人間愛を養うことが出来得る」という自分の信念を伝え、思い遣りの心、慈悲心があれば世の中は静謐であることは疑いなく、この心を草木で養いたいということが自分の理想であると披歴している。もし自分が「日蓮ほどの偉ら物であったなら、きっと私は草木を本尊とする宗教を樹立して見せる」とも主張する。〝牧野植物教〟の教祖になったかもしれぬ言である。

「工業等への利用」では、工業を盛んにして国を富ます、そのために工業原料となる植物に関心を持ちその知識を増やす必要があると述べている。「植物と人生」は、おそらく当時の青年に向けて書かれた文章であろうが、草木への愛を人間愛の礎にするという牧野の考えは、植物への感謝の念とともに、後世へのメッセージとも受け取れよう。

牧野は、類まれな植物好きであった。植物を首から下げて悦に入っている牧野の写真（五頁）を見ると、共生を超えて植物と一体化していたように感じられる。「植物と心中する男」「植物の愛人」「草木の精」と牧野語録はつきない。植物にまつわる歌も多い。例えば、「草を褥に木の根を枕、花を恋して五十年」。年齢を重ねるごとに

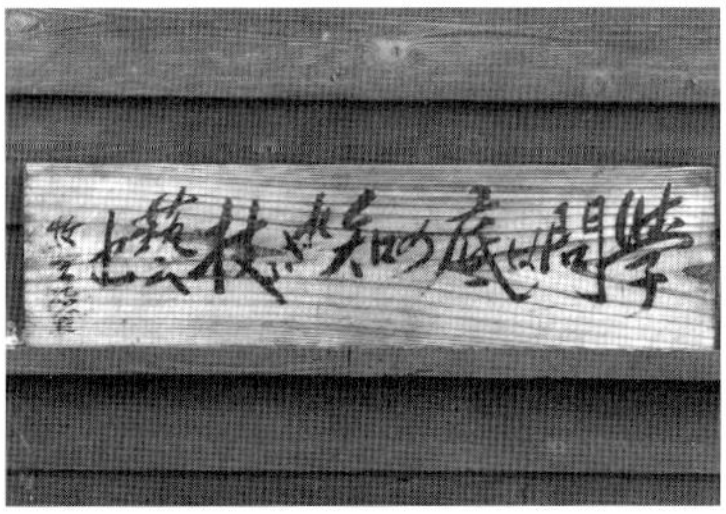

上：書屋の外壁には牧野筆扁額。
中・下：科学雑誌や色紙が並ぶ書棚風景。
撮影協力＝練馬区

「五十年」と詠んだ年数も増えていく。牧野の目標は、植物の研究に邁進しながら百歳の天寿を全うすることであった。

『牧野富太郎自叙伝』（一九五六年 長嶋書房）によれば、富太郎の生涯は、家族に支えられつつも、大学との軋轢、借金問題、出版の企画をたてるも完成を見ない植物図説など思い通りにいかないことの連続であった。しかし、自叙伝第一部の最後を飾る「花と私──半生の記」（「昭和二十八年九月」記）において、植物好きの自分は「花に対すれば常に心が愉快でかつ美なる心情を感ずる」のであり、「何事も心が純正でかつ何時も体が健康で、自ら誇らず、他をねたまず、水の如き清き心を保持して行くのは、神意にかなうゆえんであろう」と述べ、植物とともにあって心穏やかな境地に達していたことが分かる。

　老爺に見られることを嫌がった牧野も、一九四〇（昭和十五）年の九州犬ヶ岳での転落事故、太平洋戦争、一九四九年の病からの奇跡的な快復を経て、一九五四年末に肺炎をこじらしそれ以降床に就くようになる。足腰が弱って外出することがめっきり減った晩年に、自分の庭は、牧野にとって新事実が汲めども汲めども尽きることなく湧き出てくる、まさに「ラボラトリー」であった。先述の「花と私」の中で牧野はそう呼んでいる。また、一九五四（昭和二十九）年五月一日付の、高知の知人に宛てた葉書の中で、自分の庭について次のように語る。

我が庭の草木《くさき》を何時も楽しがり
我が庭の草木の中に吾れは生き
日日に庭の草花看る楽のし
庭廣く日々、草を眺め居り
庭廣く百花次ぎから次ぎと咲き
新緑の四方《よも》の景色の得も言へず
蛇の目傘張ってニロギを釣りに出る
石灰屋附近の山を化粧させ
青柳の橋は宛《あた》かも虹の様
サバ鮎は高知名物他には無い
孕《はら》みの山、山ざくら咲き風致好き［＊］

自分の庭を眺める牧野の視線は、そこから遥か彼方の故郷を望み見る念に移っていくのであった。

（たなか・じゅんこ／練馬区立牧野記念庭園記念館学芸員）

［＊］武井近三郎『牧野富太郎博士からの手紙』（一九九二年 高知新聞社）より

牧野富太郎愛用の眼鏡。高知県佐川町教育委員会
所蔵。写真提供＝暮しの手帖社

「どうかみなさんも、植物に親しんでください。そして少しでも多くの知識を身につけてください。それが一生を通じ、どれほど人生を豊かにするかわかってもらえると思います。」

牧野富太郎 略年譜

一八六二（文久二）年　誕生
四月二十四日、土佐国高岡郡佐川村（現高知県高岡郡佐川町）に、父佐平、母久壽の一人息子として生まれる。幼名は成太郎《せいたろう》。生家岸屋は酒造と雑貨を営む裕福な商家だった。

一八六五（慶応元）年　三歳
父佐平病死。

一八六七（慶応三）年　五歳
母久壽病死。

一八六八（慶応四）年　六歳
祖父小左衛門病死。この頃富太郎と改名。祖母浪子に育てられる。

一八七二（明治五）年　十歳
佐川の土居謙護の寺子屋で習字を学ぶ。

一八七三（明治六）年　十一歳
伊藤徳裕（蘭林）の塾で漢学を学び、名教館で西洋の諸学科を学ぶ。英語学校の生徒となる。後の妻、小澤壽衛《すえ》生まれる。

一八七四（明治七）年　十二歳
小学校制が布かれる。佐川小学校に入学。

一八七六（明治九）年　十四歳
佐川小学校入学後は、文部省の掛図「博物図」には興味を覚えるが、二年で小学校の授業に飽きて自主退学。退学後、植物採集などをして過ごす。
この頃、『重訂本草綱目啓蒙』や『救荒本草』で植物の名前を憶える。

一八七七（明治十）年　十五歳
請われて佐川小学校の授業生（臨時教員）となる。
昆虫にも興味を持ち、採集する。

富太郎（左）、郷里の友人土居磯之助と。高知県立牧野植物園所蔵・写真提供（同116、118頁）

一八七八（明治十一）年　十六歳
親友の父（堀見久庵）から『植学啓原』を借り忠実に図を写した『植学啓原訳文』を作る。

一八七九（明治十二）年　十七歳
臨時教員を辞め、高知市に出て、弘田正郎の五松学舎に入塾する。コレラが流行り佐川に帰る。高知中学校教員永沼小一郎を知る。科学に通じ植物のことにも詳しい永沼から欧米の植物学の影響を受ける。

一八八〇（明治十三）年　十八歳
佐川の医者宅で小野蘭山著『本草綱目啓蒙』写本に出会う。同書を購入し、植物への知識を深める。
石鎚山登山。植物の写生図を描き、観察記録をつくる（『植学備攷』）。

一八八一（明治十四）年　十九歳
四月、第二回内国勧業博覧会見物と、顕微鏡や

凡例
高知県立牧野植物園作成の年譜を底本とし、『牧野富太郎植物採集行動録』（高知県立牧野植物園、東京都立大学牧野標本館）、牧野富太郎遺稿『我が思ひ出』所収「牧野富太郎年譜」他を参照し、編集部で作成。
採集行動については本書掲載の写真などと関連する事項を主とした。
年齢は満年齢。
●はその年に出版された著書や編書、　は増訂や校訂など。

書籍の購入のため初めて上京。文部省博物局に、博物学者田中芳男らを訪ねる。

五～六月、日光、箱根、伊吹山などで採集し、佐川に帰る。

九月、高知県西南部に一ヵ月採集旅行、足摺から柏島、沖の島でも採集。写生図を多く描く。

この頃、自由民権運動にたずさわる。

一八八二（明治十五）年　二十歳

植物学者小野職愨《もとよし》、伊藤圭介に植物の質問状を出す。

本格的に植物の研究を始める。

一八八三（明治十六）年　二十一歳

土佐植物目録の作成を目指す。

一八八四（明治十七）年　二十二歳

四月、二度目の上京。東京大学理学部植物学教室へ出入りが許され、教授矢田部良吉と助教授松村任三を知る。

この年より明治二十六年までの間、東京と郷里をたびたび往復し、土佐では採集と写生に励む。

日本植物誌編纂の志を抱く。

一八八五（明治十八）年　二十三歳

高知県西南部を再び採集旅行。写生図を描く。

一八八六（明治十九）年　二十四歳

五月、上京するが、コレラを避け箱根に滞在。

芦ノ湖の水草を研究。

東京大学に出入りしながら、石版技術を習う。

一八八七（明治二十）年　二十五歳

五月、祖母浪子病死。

七月、ロシアのマキシモヴィッチに標本を送る。

この頃、土佐で『日本植物志図篇』の予備図を多く描く。
●二月、友人（市川延次郎、染谷徳五郎）と『植物学雑誌』創刊、巻頭に「日本産ひるむしろ属」の論文と石版自製図版を掲載。

一八八八（明治二十一）年　二十六歳

壽衛《すえ》と東京根岸に新所帯を持つ。
●『日本植物志図篇』第一巻第一・二集

一八八九（明治二十二）年　二十七歳

一月、『植物学雑誌』第三巻第二十三号に大久保三郎と日本で初めて新種ヤマトグサに学名を付けて発表。

佐川理学会発足。

横倉山でコオロギラン発見、マキシモヴィッチに標本を送る。
●『日本植物志図篇』第一巻第三・四集

一八九〇（明治二十三）年　二十八歳

二月、マキシモヴィッチから、コオロギランの図を絶賛した手紙が届く。

五月、東京府南葛飾郡小岩村（現江戸川区北小岩）で世界的に珍しい食虫植物ムジナモ発見。

八月、植物学者池野成一郎と東北採集。

矢田部教授より植物学教室出入りを禁止され、マキシモヴィッチのいるロシアに行こうと考える。
●『日本植物志図篇』第一巻第五・六集

一八九一（明治二十四）年　二十九歳

二月、マキシモヴィッチ死去。ロシア行断念し、研究に専心。

実家の家財整理をするため帰郷。
●『日本植物志図篇』第一巻第七～十一集（第十一集で中断）。

一八九二（明治二十五）年　三十歳

郷里の横倉山、石鎚山他にて採集、写生。

高知市で「高知西洋音楽会」を開き、音楽指導にあたる。

一八九三（明治二十六）年　三十一歳

一月、長女園子、東京にて死亡。上京する。

九月、帝国大学理科大学助手となる、月俸十五円。

一八九六（明治二十九）年　三十四歳

十～十二月、台湾に植物採集のため出張。

一八九八（明治三十一）年　三十六歳

●『繇条書屋植物雑識』明治二十四～三十年（五巻合冊）

一八九九（明治三十二）年　三十七歳

●『新撰日本植物図説』刊行始める（～一九〇三年、第二巻第八集）。
●『日本植物調査報知』

一九〇〇（明治三十三）年　三十八歳
八月、農事試験場嘱託となる（昭和二十三年二月まで）。
パリ万博に竹の標本を出品。
●『大日本植物志』第一巻第一集（〜一一年、第四集で中断）

一九〇一（明治三十四）年　三十九歳
「日本植物考察（英文）」を植物学雑誌に連載開始。
●『日本禾本莎草《かほんさそう》植物図譜』
●『日本羊歯《しだ》植物図譜』

一九〇二（明治三十五）年　四十歳
ソメイヨシノの苗木を郷里佐川と高知市五台山に送り、移植。
●『大日本植物志』第一巻第二集

一九〇三（明治三十六）年　四十一歳
八月、北海道利尻島にて採集。
○田中貢一著『植物美観 信濃の花』校閲

一九〇五（明治三十八）年　四十三歳
八月、岩手の早池峰山にて採集。
十一月、米カーネギー財団宛、竹の研究に補助金を要請する手紙を書く。

一九〇六（明治三十九）年　四十四歳
この年から明治四十四年まで、毎年九州各地で夏期植物講習会を開催。
●『大日本植物志』第一巻第三集
●『日本高山植物図譜』（三好学共著）

一九〇七（明治四十）年　四十五歳
十月、東京帝室博物館天産課嘱託となる（大正十三年まで）。
○飯沼慾斎原著『増訂草木図説』一輯草部 増訂（一〇年に二輯、一三年に三・四輯）
○東京博物学研究会編『実用学校園』『野外植物之研究』『普通植物図譜』『面白き植物』校訂

一九〇八（明治四十一）年　四十六歳
○東京博物学研究会編『植物図鑑』校訂

一九〇九（明治四十二）年　四十七歳
七月、『植物学雑誌』に新種のヤッコソウを発表。
十一月、横浜植物会創立、指導に当たる。
○八木貞助著『植物記載帖』校閲
○『学校園の植物詳解』校訂

一九一〇（明治四十三）年　四十八歳
三月、東京帝国大学理科大学を休職となる。
四月、同植物取り調べ嘱託となる。

一九一一（明治四十四）年　四十九歳
四月、千葉県立園芸専門学校講師嘱託となる。
東京植物同好会創立、会長となる。
●『大日本植物志』第一巻第四集
●『普通植物検索表』（三好学共編）

牧野75歳、自身が改案した「牧野式胴乱」を肩に掛けて、1937（昭和12）年7月4日、霧ヶ峰にて植物採集。＊

一九一二（明治四十五／大正元）年　五十歳
一月、東京帝国大学理科大学講師となる。

一九一三（大正二）年　五十一歳
七月、来日したドイツの植物学者エングラーと日光採集。
八月、高知帰省。
●『植物学講義』第一～六巻（第七巻は翌年）

一九一四（大正三）年　五十二歳
この頃、経済状況が極度に困難に陥る。
●『東京帝室博物館天産課日本植物乾腊《けんせき》標本目録』（根本莞爾共編）

一九一六（大正五）年　五十四歳
十二月、東京朝日新聞に窮状の記事出る。神戸の素封家池長孟が援助を申し出る。神戸に妻同道し池長を訪ねる。
●四月、『植物研究雑誌』を創刊。

一九一七（大正六）年　五十五歳
五月、富士山行。
七月、神戸行。「植物研究所」予定建物を見分。岐阜の名和昆虫研究所、京都の平瀬貝館を見学。以降、頻々と神戸行。

一九一八（大正七）年　五十六歳
十月三十一日～十一月三日、神戸にて池長植物研究所開所式が催される。

一九一九（大正八）年　五十七歳
北海道山オオヤマザクラ苗百本を東京上野の帝室博物館に寄贈。
●『雑草の研究と其利用』（入江弥太郎共著）

一九二〇（大正九）年　五十八歳
三～四月、伊豆大島にて採集。
七月、吉野山にて採集。

一九二一（大正十）年　五十九歳
十月中旬～十二月末、五月初旬～下旬、神戸滞在。

一九二二（大正十一）年　六十歳
一月中旬～三月初旬、神戸滞在。
夏、成蹊高等女学校校長中村春二を知り、日光にて同行生徒と職員らに採集指導。以後、中村から支援を受ける。
十二月、内務省栄養研究所事務取扱を嘱託される。

一九二三（大正十二）年　六十一歳
九月、関東大震災。当時は東京渋谷に住む。家屋の大きな損壊は免れたが『植物研究雑誌』第三巻第一号を焼失。
●『植物ノ採集と標品ノ製作整理』（『植物学講義』第三巻の新装版）

一九二四（大正十三）年　六十二歳
伊勢神宮を調査。

一九二五（大正十四）年　六十三歳
十二月、建築中の自宅を見るためしばしば大泉に出向く。
●『日本植物総覧』（根本莞爾共編）
●『日本植物図鑑』

一九二六（大正十五／昭和元）年　六十四歳
五月、東京府北豊島郡大泉村（現練馬区東大泉）に居を構える。

一九二七（昭和二）年　六十五歳
四月、理学博士の学位を受ける。
八月、青森、秋田で営林局員を指導。
十月、新潟、金沢、長野で講演。
十二月、マキシモヴィッチ生誕百年祭のため札幌に赴く。帰途、仙台で新種のササを発見。

一九二八（昭和三）年　六十六歳
二月二十三日、妻壽衛死去（享年五十四）。新種のササにスエコザサと命名。
七月より日光、鳥取、島根、広島、新潟、岩手、秋田、青森、熊本などで採集。十一月、帰京。
●『科属検索 日本植物志』（田中貢一共編）

一九二九（昭和四）年　六十七歳
九月、早池峰を登山採集。

一九三〇（昭和五）年　六十八歳
八月、鳥海山を登山採集。

一九三一（昭和六）年　六十九歳

四月、東京で自動車事故に遭い負傷、入院。
七月、青森、山形、飛島行き。
八月、伊吹山、紀州、石鎚山採集。

一九三二（昭和七）年　七十歳

一月、関西滞在。
五月、広島文理科大学非常勤講師として学生を指導。
八月、九州英彦山に登山採集。
十〜十一月、九州各地を採集旅行。
●『原色野外植物図譜』第一巻（〜三五年、全四巻）
●『通俗植物講演集』第一巻「花シャウブの話」、第二巻「秋の七草の話」

一九三三（昭和八）年　七十一歳

『植物研究雑誌』主筆を退く。

一九三四（昭和九）年　七十二歳

八月、高知帰郷、植物採集会を指導、採集。

●『牧野植物学全集』刊行始まる（〜三六年、全七巻）

一九三五（昭和十）年　七十三歳

三月、東京放送局より「日本の植物」を放送。
八月、岡山、広島、鳥取、三県植物採集会を指導。
●『趣味の植物採集』
●『植物学名辞典』（清水藤太郎共著）

一九三六（昭和十一）年　七十四歳

三月、大島にサクラ調査。
四月、高知帰郷、高知会館にて「桜の話」を講演。高知博物学会の採集会を指導。
●『随筆草木志』

一九三七（昭和十二）年　七十五歳

『牧野植物学全集』の出版により朝日文化賞受賞。
八、十月、摂州五領村鵜殿（現大阪府高槻市）にてヨシを調査。

牧野（前列中央）晩年、家族とともに、大泉の自庭にて。*

●『通俗植物講演集』第三巻「菊の話」

一九三八（昭和十三）年　七十六歳

五月、喜寿の祝賀会が催される。
七月、長崎、熊本、種子島で採集。
十二月、高知帰郷。
●『趣味の草木志』
○宮前武雄著『図説 和漢薬応用の実際』校補

一九三九（昭和十四）年　七十七歳

五月、四十七年勤めた東京帝国大学へ辞表を提出、講師辞任。
七月、東京植物同好会会員と金町付近水元（葛飾区）で舟を浮かべ水草を採集。

一九四〇（昭和十五）年　七十八歳

十一月、大分県犬ヶ岳で採集中に崖より転落事故、年末まで別府で静養。
●『牧野日本植物図鑑』（以後改訂増補を重ね四九年の七版では百余種図を差し替える）
●『雑草三百種』

一九四一（昭和十六）年　七十九歳
五月、旧満州（現在の中国東北部）へサクラ調査に赴き、約五千点の標本を採集し、六月中旬帰朝。
八月、池長孟より標本が返還される。
九月、東京植物同好会会員と千葉市稲毛で採集。
十一月、安達潮花からの寄付で「牧野植物標品館」が建設される。

一九四三（昭和十八）年　八十一歳
●『植物記』

一九四四（昭和十九）年　八十二歳
●『続植物記』

一九四五（昭和二十）年　八十三歳
四月、空爆により標品館の一部被弾。
五月、山梨県巨摩郡穂坂村に疎開。十月、帰京。

一九四六（昭和二十一）年　八十四歳
●個人誌『牧野植物混混録』第一号（〜五三年、全十四号）

一九四七（昭和二十二）年　八十五歳
●『牧野植物随筆』

一九四八（昭和二十三）年　八十六歳
十月、皇居に参内、昭和天皇に植物学御進講。
●『趣味の植物誌』
●『続牧野植物随筆』

一九四九（昭和二十四）年　八十七歳
六月、大腸カタルで危篤となるが奇跡的に回復。
●『学生版牧野日本植物図鑑』
●『四季の花と果実』

一九五〇（昭和二十五）年　八十八歳
十月、日本学士院会員となる。
●『図説普通植物検索表』第一　草木

一九五一（昭和二十六）年　八十九歳
一月、文部省に牧野博士標本保存委員会が設置される。
六月、標本整理始まる。
七月、第一回文化功労者となる。

一九五二（昭和二十七）年　九十歳
佐川の生家跡に「誕生の地」の記念碑建つ。

一九五三（昭和二十八）年　九十一歳
十月、東京都名誉都民となる。
●『原色少年植物図鑑』
●『原色日本高山植物図譜』
●『随筆植物一日一題』

一九五四（昭和二十九）年　九十二歳
十二月、風邪をこじらせ肺炎となり病臥。
●『学生版原色植物図鑑』野外植物篇・園芸植物篇

一九五五（昭和三十）年　九十三歳
七月、東京植物同好会が牧野植物同好会として再開。
この年、ずっと病臥。
●『若き日の思い出』

一九五六（昭和三十一）年　九十四歳
高知県高知市五台山に牧野植物園設立決定。
六月、病状悪化。
七月、昭和天皇よりお見舞いのアイスクリームが届く。
八月、危機を脱するも、十一月、再び重体となる。
十二月、佐川町名誉町民となる。
●『牧野植物一家言』
●『植物学九十年』
●『草木とともに』
●『牧野富太郎自叙伝』

一九五七（昭和三十二）年
一月十八日、家族に見守られ永眠。
没後、従三位勲二等旭日重光章および文化勲章を授与される。
東京都谷中の天王寺墓地に葬られる。故郷佐川町に分骨。

一九五八（昭和三十三）年
高知県立牧野植物園、開園。
東京都立大学理学部（現首都大学東京）牧野標本館、開館。
練馬区立牧野記念庭園、開園。
●『植物随筆 我が思ひ出』

本書掲載の牧野富太郎画植物図はすべて高知県立牧野植物園所蔵、写真提供。

植物データは「牧野富太郎と植物画展」図録（2001年）より。解説は同図録および『牧野日本植物図鑑』他より。

寸法（縦×横）cm	出典など〔解説〕
7.1 × 9	〔「Nikkō June 30, 1901」と記す。「和名ハ庚申山ノ意ニシテ」三好学博士が命名〕
13.7 × 19.3	〔オーストリア東部原産の落葉性のつる性花木〕
13.6 × 19.5	〔土佐高岡郡佐川町の郷里にて写生。インド原産の常緑中低木〕
19.1 × 13.5	〔1912 年に牧野が命名発表。「和名姫すみれハ草体小ナレバ云フ」〕
19.2 × 13.6	〔1902 年に牧野が命名発表。「和名ハ小深山すみれノ意ナリ」〕
19.1 × 13.5	〔1891 年に牧野が命名発表。「和名紫背すみれハ紫色ナル葉裏ニ基ク」〕
19.2 × 13.6	〔「ツボはかの源氏の桐壺のツボと同様、まずは庭のことだと思っていればいい」〕
27.1 × 19.2	『日本植物志図篇』第 1 巻第 2 集の表紙に使用〔つばきの「自生ノ品ヲやぶつばき又ハやまつばきト称ス」〕
19.0 × 13.6	〔九州に生えるシャクナゲの意で、和名を牧野が新称〕
28.4 × 21.8	『日本植物志図篇』第 1 巻第 1 集第 1 図版〔1887 年、牧野が郷里高知の横倉山で発見、宮中の貴婦人（上臈）にたとえた和名を付す〕
27.1 × 19.9	『日本植物志図篇』第 1 巻第 7 集第 43 図版〔1889 年、牧野が横倉山で発見、唇弁をコオロギの羽に見立てた和名を付す〕
42 × 30.5	『大日本植物志』第 1 巻第 2 集第 4 図版「チャルメルソウ」の原図〔中国の楽器チャルメラにたとえた和名。四国・九州（大隅半島）の山地渓谷林内に生える多年草〕
41 × 32	『大日本植物志』第 1 巻第 2 集第 5 図版「チャルメルソウ」の原図
19.7 × 13.7	〔北海道から九州に見られる落葉低木、実は食べられる。「小児往々採リ食フ」〕
40.3 × 29.1	『大日本植物志』第 1 巻第 2 集第 7 図版の原図〔ヤマユリの変種、大型。「やまゆりニ類シテ壮大」「高サ 1m 余ニ達ス」〕
19.1 × 13.6	『科学知識』第 4 巻第 8 号に使用〔「権六クルミ」の「1 側面、2 背面、3 上から視る、4 下から視る」図より〕
	『日本植物志図篇』第 1 巻第 1 集第 5 図版〔和名「梅鉢」は、「花形梅鉢ノ紋ニ似タル故云フ」〕
	『日本植物志図篇』第 1 巻第 10 集第 60 図版〔「葉液ニ肉芽ヲ生ジ、地ニ落チテ新苗ヲ生ズル形態」〕
	『日本植物志図篇』第 1 巻第 3 集第 16 図版〔和名は、よく樫の木につくことによる。その生態を表わすべく、背景まで描かれている〕
	『新撰日本植物図説』第 1 巻第 8 集第 40 図版〔『日本植物志図篇』で描き、およそ 10 年を経て再び描く〕
	『新撰日本植物図説』第 2 巻第 3 集第 75 図版〔「若シ一枝ヲ瓶ニ投ゼバ花香忽チ室内ニ満ツ」〕
27.4 × 38.6	『日本植物志図篇』第 1 巻第 12 集第 70 図版として用意されていたが刊行されず、『牧野植物学全集』（1934 年）で紹介〔1890 年、牧野が江戸川で最初に発見、タヌキの尾に見立てた和名を付す〕
48.3 × 33.6	『大日本植物志』第 1 巻第 1 集第 1 図版〔古くはサクラというとヤマザクラを指す。日本の代表的な植物として『大日本植物志』の巻頭に置く〕
	『大日本植物志』第 1 巻第 1 集第 2 図版〔「いわゆる『朝日に匂う山桜花』と歌われしものでじつにわが国花中の王」〕
48.3 × 33.6	『大日本植物志』第 1 巻第 3 集第 10 図版〔和名「彼岸花」は花の咲く時期から。「諸州ノ俗名甚ダ多」く、「曼珠沙華」は梵語に由来〕
47.6 × 35.4	『大日本植物志』第 1 巻第 4 集第 16 図版〔『大日本植物志』全 16 図版中、唯一の彩色図。和名は「布袋ノ腹ヲ連想」させる唇弁の形状から〕
27.2 × 19.7	『新撰日本植物図説』下等隠花類部第 21 図版の原図〔北海道から九州にまれに見られる小形のスギゴケ〕
	『新撰日本植物図説』下等隠花類部第 21 図版の校正図
48.3 × 33.6	『大日本植物志』第 1 巻第 1 集第 3 図版の校正刷り〔牧野が和名「東白銀草」を与えた〕
18.9 × 13.3	〔「落葉喬木」「種子ハ光沢アル赤褐色ノ種皮ヲ有シ、食料トモナル」〕

牧野富太郎植物図　掲載一覧

掲載頁	作品名	科	制作年（ーは不詳）	材質、技法
003	コウシンソウ	タヌキモ科	1901（明治34）	ケント紙、墨（毛筆）、水彩
008	ソケイノウゼン	ノウゼンカズラ科	1881（明治14）	ケント紙、墨（毛筆）、水彩
009	キョウチクトウ	キョウチクトウ科	1881～2（明治14～15）	ケント紙、墨（毛筆）、水彩
010	ヒメスミレ	スミレ科	1886（明治19）	和紙、墨（毛筆）
	コミヤマスミレ	スミレ科	1886（明治19）	和紙、墨（毛筆）
	シハイスミレ	スミレ科	1886（明治19）	和紙、墨（毛筆）
	シロバナタチツボスミレ	スミレ科	1886（明治19）	和紙、墨（毛筆）
011右	ヤブツバキ	ツバキ科	1888（明治21）頃	和紙、墨（毛筆）
011左	ツクシシャクナゲ	ツツジ科	1887（明治20）頃	和紙、墨（毛筆）
012	ジョウロウホトトギス	ユリ科	1888（明治21）	石版印刷、水彩
013	コオロギラン	ラン科	1891（明治24）	石版印刷、水彩
014	シコクチャルメルソウ（全形図）	ユキノシタ科	—	ケント紙、墨（毛筆）
015	シコクチャルメルソウ（部分図）	ユキノシタ科	—	ケント紙、墨（毛筆）
017	ガマズミ（実）	スイカズラ科	—	ケント紙、水彩
018	サクユリ（全形図）	ユリ科	—	石版印刷、墨（毛筆）
019、033、063、081	ゴンロククルミ	クルミ科	—	ケント紙、墨（毛筆）
021	ウメバチソウ	ユキノシタ科	1888（明治21）	石版印刷
022	コモチマンネングサ	ベンケイソウ科	1891（明治24）	石版印刷
023	カシノキラン	ラン科	1889（明治22）	石版印刷
023	カシノキラン	ラン科	1900（明治33）	石版印刷
024	ジンチョウゲ	ジンチョウゲ科	1902（明治35）	石版印刷
024	ムジナモ	モウセンゴケ科	1891（明治24）	石版印刷
026	ヤマザクラ	バラ科	1900（明治33）	銅版印刷
027	ヤマザクラ	バラ科	1900（明治33）	石版印刷
028	ヒガンバナ	ヒガンバナ科	1906（明治39）	石版印刷
029	ホテイラン	ラン科	1911（明治44）	石版印刷、多色刷り
030	チャボスギゴケ	スギゴケ科	—	ケント紙、墨（毛筆）
031	チャボスギゴケ	スギゴケ科	—	
032	アズマシロカネソウ	キンポウゲ科	1900（明治33）	石版印刷
123	トチノキ（芽）	トチノキ科	1892（明治25）	和紙、墨（毛筆）

牧野富太郎の言葉　出典

掲載頁	
002	『牧野富太郎自叙伝』「わが生い立ち」
016	『植物学講義 第2巻』「植物ニ於ケル写生画」
034	『草木とともに』「幼少のころ」
035	『牧野富太郎自叙伝』 第一部「幼年期」
036	『牧野富太郎自叙伝』 第二部 混混録「余ガ年少時代ニ抱懐セシ意見」
038	『草木とともに』「自由党脱退」
039	『植物記』「科学の郷土を築く」
043	『草木とともに』「狸の巣」
046	『牧野富太郎自叙伝』「自由党から脱退」
046	『牧野富太郎自叙伝』「『植物学雑誌』の創刊」
048	『牧野富太郎自叙伝』「『植物学雑誌』の創刊」
048	『牧野富太郎自叙伝』「執達吏の差押、家主の追立」
049	『牧野富太郎自叙伝』「私の信条」
050	『植物記』「私と大学」
052	『牧野富太郎自叙伝』「圧迫の手が下る」
054	『続牧野植物随筆』「篳篥の舌を作る鵜殿ノヨシ」
056	『若き日の思い出』「各地での採集」
058	『草木とともに』「なぜ花は匂うか」
059	『趣味の植物採集』「巻頭言」
059	『趣味の植物採集』「巻頭言」
061	『植物記』「亡き妻を想う」
062	『牧野富太郎自叙伝』「標品の整理」
065	『牧野日本植物図鑑』「序」
066	『牧野富太郎自叙伝』「世界的発見の数々」
067	『牧野富太郎自叙伝』「天城山の寄生植物と土佐の『やまとぐさ』」
068	『植物随筆 我が思ひ出』「旅の科学車窓の眺め」
069	『植物一家言』「サイカチなる名」
069	『植物一家言』「ビロウドムラサキ」
070	『植物随筆 我が思ひ出』「ハマタマバハキ」
070	『植物一家言』「フヨウ」
071	『植物一家言』「ヤマブキ」
071	『植物随筆 我が思ひ出』「コバノミツバツツジとミツバツツジ」
074	『赭鞭一撻』「書ヲ家トセズシテ友トスベシ」
076	『牧野富太郎自叙伝』「幼年期」
078	『植物研究雑誌』 第24巻「牧野先生一夕話」
082	『草木とともに』「思い出すままに」所収「初恋」
084	『植物記』「亡き妻を想う」
085	『牧野富太郎自叙伝』 第一部「妻の死と『すえこざさ』の命名」
088	『植物一家言』「ユキワリイチゲの葉の変態」
088	『植物一家言』「フッキソウ」
088	『植物一家言』「ウバユリ」
089	『植物記』「二、三の春花品隲《さだめ》」
089	『随筆草木志』「世界に誇るに足るわが日本の植物」
090	『趣味の植物採集』「植物採集のすすめ」
091	『牧野富太郎自叙伝』「植物に感謝せよ」
092	『花物語』「東京全市を桜の花で埋めよ」
096	『植物一家言』「シロバナマンジュシャゲ」
096	『植物知識』「ヒガンバナ」
097	『植物随筆 我が思ひ出』「オホキツネノカミソリ」
097	『植物一日一題』「狐ノ剃刀」
099	『牧野富太郎自叙伝』「わが恋の主」
102	『牧野富太郎植物記2 野の花2』「牧野富太郎博士のことば」
105	『植物随筆 我が思ひ出』「クマタケラン」
106	『牧野富太郎自叙伝』「所感」
107	『牧野富太郎自叙伝』「私の健康法」
107	『植物学九十年』「野外の雑草」
113	『牧野富太郎植物記2 野の花2』「牧野富太郎博士のことば」

牧野富太郎　おもな著書

『日本植物志図篇』第１巻第１～11 集（1888 ～ 91　敬業社）

『錨条書屋植物雑識』5 巻合冊（1898　敬業社）

『新撰日本植物図説』第１・２巻（1899 ～ 1903　敬業社）

『日本植物調査報知』第１・２集（1899 ～ 1900　敬業社）

『大日本植物志』第１巻第１～４集
（1900 ～ 11　東京帝国大学植物学教室）

『日本禾本莎草《かほんさそう》植物図譜』第１巻第１～ 10 集
（1901 ～ 03　敬業社）

『日本羊歯《しだ》植物図譜』第１巻第１～７集
（1901 ～ 03　敬業社）

『日本高山植物図譜』第１・２巻　三好学共著
（1906 ～ 08　成美堂）

『普通植物検索表』三好学共編（1911　文部省）

『植物学講義』第１～７巻（1913 ～ 14　大日本博物学会）

『東京帝室博物館天産課日本植物乾腊《けんせき》標本目録』根本莞爾共編（1914　東京帝室博物館）

『雑草の研究と其利用』入江弥太郎共著（1919　白水社）

『日本植物総覧』根本莞爾共編（1925　春陽堂）

『日本植物図鑑』（1925　北隆館）

『科属検索 日本植物志』田中貢一共編（1928　大日本図書）

『原色野外植物図譜』第１～４巻（1932 ～ 35　誠文堂）

『通俗植物講演集』第１～３巻（1932 ～ 37　文友堂）

『牧野植物学全集』第１～７巻（1934 ～ 36　誠文堂）

『趣味の植物採集』（1935　三省堂）

『植物学名辞典』清水藤太郎共著（1935　春陽堂）

『随筆草木志』（1936　南光社）

『趣味の草木志』（1938　啓文社）

『牧野日本植物図鑑』（1940　北隆館）

『雑草三百種』（1940　厚生閣）

『植物記』（1943　櫻井書店）

『続植物記』（1944　櫻井書店）

『牧野植物混混録』（1946 ～ 53　鎌倉書房）

『牧野植物随筆』（1947　鎌倉書房）

『続牧野植物随筆』（1948　鎌倉書房）

『趣味の植物誌』（1948　壮文社）

『四季の花と果実』（1949　通信教育振興会）

『図説普通植物検索表』（1950　千代田出版社）

『随筆 植物一日一題』（1953　東洋書館）

『若き日の思い出』（1955　旺文社）

『牧野植物一家言』（1956　北隆館）

『植物学九十年』（1956　宝文館）

『草木とともに』（1956　ダヴィッド社）

『牧野富太郎自叙伝』（1956　長嶋書房）

『植物随筆 我が思ひ出』（1958　北隆館）

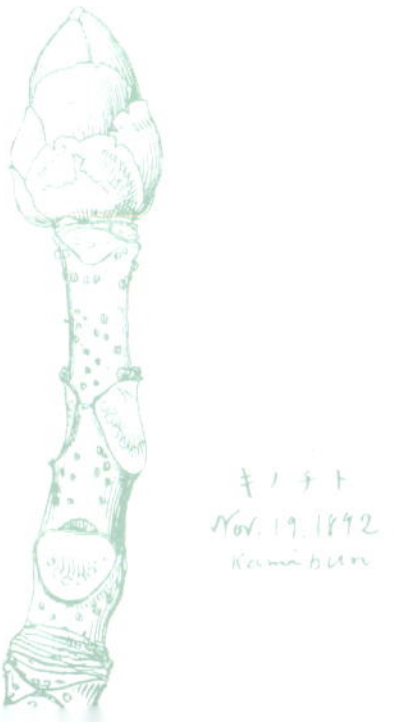

高知県立牧野植物園所蔵・写真提供

高知県立牧野植物園
The Kochi Prefectural Makino Botanical Garden

南園の温室をのぞむ。

郷里の高知に、1958（昭和33）年4月開園。五台山の起伏を活かした約6haの園地では、牧野ゆかりの野生植物など約3,000種類が四季を彩る。1999（平成11）年には「牧野富太郎記念館」を新設。展示館では牧野の生涯や業績を直筆植物図や豊富な資料で紹介している（本書でその一部を掲載）。また牧野が蒐集していた書籍や植物図を保存する「牧野文庫」（一般非公開）は、牧野が志した植物学を知る上で貴重な資料庫である（同74～80頁で一部を紹介）。

建築家内藤廣氏設計の牧野富太郎記念館。本館と展示館からなり、回廊で結ばれている。木の温もりを生かし、周辺の自然と調和した空間を構成。

常設展示。牧野の生涯を少年期・青年期・壮年期・晩期に分けて紹介。また「植物の世界」は、植物学の基礎知識を学べる体験型展示。

所在地：高知県高知市五台山 4200-6
TEL：088-882-2601（代表）
開園時間：9：00～17：00
休園日：年末年始（12/27～1/1）
入園料など詳細は以下でご確認ください。
http://www.makino.or.jp/

首都大学東京牧野標本館

Makino Herbarium, Tokyo Metropolitan University

牧野没後、家族から寄贈された未整理標本約40万点を整理。教育・研究のための学術資料として活用することを目的として、1958年に東京都立大学の一施設として設立された。牧野採集の植物標本を中心に、藻類・コケ・シダ・裸子・被子植物など約50万点の標本を所蔵。

牧野標本館の外観と、標本の収蔵庫。標本は、国内外の研究者に広く活用されている。またインターネットでは標本画像データベースを公開。

所在地：東京都八王子市南大沢1-1
TEL：042-677-1111（代表）
利用方法など詳細は以下でご確認ください。
http://www.biol.se.tmu.ac.jp/herbarium/

当時は野趣豊かな雑木林が広がる自宅を、「我が植物園」として愛した。庭園内に建つ記念館の常設展示室では牧野の生涯が辿れる。

練馬区立牧野記念庭園と記念館

Makino Memorial Garden & Museum

牧野が後半生（1926～57年）暮らした自宅跡地に、1958（昭和33）年開園。庭園には牧野が植栽したスエコザサをはじめ、300種以上の草木類が植栽され、庭園の一角には書屋が当時のまま保存されている。また、記念館では愛用の道具や日用品など貴重な資料も閲覧できる。

所在地：東京都練馬区東大泉 6-34-4
電話：03-6904-6403
開園・開館時間：午前9時から午後5時（ただし、企画展は午前9時30分から午後4時30分まで）
休園・休館日：火曜日（火曜日が祝日のときは開館し、翌日休館）、年末年始（12月29日～1月3日）
入園・入館料：無料
詳細は以下でご確認ください。
http://www.makinoeien.jp/index.html

植物図と言葉

牧野富太郎

執筆

大場秀章
田中純子

協力（順不同・敬称略）

高知県立牧野植物園
練馬区立牧野記念庭園
練馬区環境部みどり推進課
練馬区立牧野記念庭園記念館
同運営業務受託者：株式会社BAM
牧野一浡
首都大学東京牧野標本館
高知県佐川町教育委員会
東京大学法学部附属明治新聞雑誌文庫
国立国会図書館
小石川植物園
日本文藝家協会
暮しの手帖社
毎日新聞社

撮影

大屋孝雄（P62-63, 72-73, 108-110）

装幀・レイアウト

熊谷智子

校正

栗原 功

編集

和田絹子
林 理映子（平凡社）

参照資料

『牧野富太郎選集』全5巻（1970 東京美術）
『牧野富太郎植物記』全8巻（1972〜73 あかね書房）
『植物知識』（1981 講談社学術文庫）
『牧野富太郎植物画集』（1999 高知県立牧野植物園）
『牧野富太郎写真集』（1999 高知県立牧野植物園）
『牧野富太郎と植物画展』図録（2001 高知県立牧野植物園／毎日新聞大阪本社）
『牧野富太郎蔵書の世界』（2002 高知県立牧野植物園）
『牧野富太郎自叙伝』（2004 講談社学術文庫）
『牧野富太郎植物採集行動録 明治・大正篇』（2004 高知県立牧野植物園）
『牧野富太郎植物採集行動録 昭和篇』（2005 高知県立牧野植物園）
『暮しの手帖』第4世紀28号「牧野富太郎の描画道具」（2007 暮しの手帖社）
『花在れバこそ吾れも在り』練馬区公園緑地課著（2008 パレード）
『牧野富太郎と神戸』白岩卓巳著（2008 神戸新聞総合出版センター）
『植物一日一題』（2008 ちくま学芸文庫）
『植物記』（2008 ちくま学芸文庫）
『花物語』（2010 ちくま学芸文庫）
『牧野富太郎　なぜ花は匂うか』（2016 平凡社）　他

牧野富太郎
植物博士の人生図鑑

二〇一七年十一月二十四日　初版第一刷発行
二〇二三年　二　月　十三　日　初版第四刷発行

編者　コロナ・ブックス編集部
発行者　下中美都
発行所　株式会社平凡社
〒一〇一-〇〇五一
東京都千代田区神田神保町三-二九
電話　〇三-三二三〇-六五八五（編集）
〇三-三二三〇-六五七三（営業）
振替　〇〇一八〇-〇-二九六三九
ホームページ https://www.heibonsha.co.jp/

印刷・製本　株式会社東京印書館

ISBN 978-4-582-63510-2 C0023
NDC分類番号 289.1
B5変型判（21.7cm）　総ページ128